Traduzidos dos respectivos originais, com introduções e notas explicativas, esta colecção põe o leitor em contacto com textos marcantes da história da filosofia.

# Cartas
# Morais

Título original:
*Lettres Philosophiques*



Tradução: Hugo Barros

Revisão: Sofia Moura

Capa: FBA

Depósito legal n.º

**_Biblioteca Nacional de Portugal – Catalogação na Publicação_**

ROUSSEAU, Jean-Jacques, 1712-1778

Cartas morais; seguido de Correspondência sobre a providência, a sociedade e o mal. – (Textos filosóficos)
ISBN 978-972-44-2123-0

CDU 1

Paginação:
MA

Impressão e acabamento:

para
EDIÇÕES 70, LDA.
Outubro 2020

EDIÇÕES 70, uma chancela de Edições Almedina, S.A.
LEAP CENTER – Espaço Amoreiras
Rua D. João V, n.º 24, 1.03 – 1250-091 Lisboa – Portugal
e-mail: editoras@grupoalmedina.net

Jean-Jacques
Rousseau

# Cartas Morais

SEGUIDO DE

# Correspondência sobre a providência, a sociedade e o mal

70

# CARTAS MORAIS

# Carta I

Querida e digna amiga, vinde escutar a voz daquele que vos ama; ela não é, como sabeis, a de um vil sedutor; se alguma vez o meu coração se perdeu em promessas de que me fizestes corar, pelo menos a minha boca não tentou justificar os meus devaneios, nem a razão travestida em sofismas dedicou o seu ministério ao erro; o vício rebaixado calou-se diante do sagrado nome da virtude; a fé, a honra, a santa verdade não foram humilhadas nos meus discursos; ao abster-me de dar nomes justos às minhas faltas, impedia que a honestidade abandonasse o meu coração, [e] mantenho-o aberto para as lições de sabedoria que achastes por bem fazer-me ouvir: cabe-me agora a mim, ó Sophie, pagar-vos o preço dos vossos cuidados, pois que preservastes na minha alma as virtudes que vos são caras, quero introduzir na vossa aquelas que lhe são porventura desconhecidas. Quão feliz me sinto por nunca ter desonrado a minha pena ou a minha boca com a mentira, porque sou hoje menos indigno de me apresentar junto de vós como o órgão da verdade.

Evocando a circunstância em que me pedistes regras de moral para vosso uso, não podia duvidar de que não praticásseis então uma das mais sublimes, e que, no perigo ao qual uma cega paixão me expunha, não pensásseis ainda mais na minha instrução do que na vossa. Só um celerado exporia os deveres de outrem espezinhando os seus, ou submeteria a moral às suas paixões, e vós, que me honrais com a vossa amizade, sabeis bem que, embora possua um fraco coração, não tenho a alma de um malvado. Ao esforçar-me por cumprir agora a nobre tarefa que me impusestes, presto uma homenagem que vos é devida. A virtude é-me mais cara desde que a colhi de vós.

Submetendo ao dever e à razão os sentimentos que me haveis inspirado, exercestes a maior, a mais nobre influência que o céu concedeu à beleza e à sabedoria. Não, Sophie, um amor semelhante ao meu só a ele próprio podia ceder, só vós, como os Deuses, serieis capaz de destruir a vossa criação e apenas às vossas virtudes incumbirá anular o efeito dos vossos encantos.

Ao purificar-se, o meu coração não se separou do vosso; pelo contrário, ao amor cego, mil sentimentos claros se seguiram impondo-me um dever encantador de vos amar por toda a minha vida, e sois ainda mais querida para mim depois que cessei de vos adorar. Os meus desejos, em lugar de se aquietarem ao mudar de objeto, tornaram-se ainda mais ardentes quanto mais honestos. Se ousaram, no íntimo do meu coração, atentar contra os vossos encantos, compensaram eles amplamente essa afronta, não aspirando mais do que à perfeição da vossa alma e a justificar, se possível, tudo o que a minha sentiu por vós. Sim, sede tão perfeita quanto vos for possível, e serei mais feliz do que se vos tivesse possuído. Possa o meu zelo ajudar a exaltar-vos tão acima de mim, que o amor-próprio em vós me compensará das minhas humilhações e de algum modo me consolará por não vos ter podido alcançar. Ah, se os cuidados da minha amizade podem encorajar o vosso progresso, pensai por vezes em tudo aquilo a que tenho o direito de esperar de um coração que o meu não soube merecer.

Depois de tantos dias perdidos a perseguir uma glória vã, a dizer ao público verdades que não está em condições de ouvir, vejo-me finalmente a propor um objeto útil: assumirei os encargos que exigis de mim, ocupar-me-ei de vós, dos vossos deveres, das virtudes que vos convêm, dos meios de aperfeiçoar a vossa felicidade natural. Ter-vos-ei sempre debaixo de olho. Não, se passasse a minha vida à procura de uma tarefa agradável, não conseguiria encontrar uma mais adequada ao meu coração do que aquela que vós me impondes.

Jamais houve um projeto formado sob auspícios tão favoráveis; nunca empresa alguma prometeu um êxito mais ditoso. Tudo o que pode inflamar a coragem e alimentar a esperança une-se à mais terna amizade para excitar o meu zelo. O caminho da perfeição está-vos aberto sem entraves; a natureza e o destino fizeram tanto por vós, que o que vos ainda falta depende tão-só da vossa vontade, e o vosso coração garante-ma em tudo o que respeita à virtude. Carregais um nome ilustre que a vossa fortuna sustenta e que o vosso mérito honra; uma família nova espera apenas os vossos cuidados para um dia vos tornar a mais feliz das mães; vosso esposo, acolhido na corte, estimado na guerra, inteligente nos negócios, goza de um êxito constante que começa no seu casamento. O gosto pelos prazeres não vos é estranho; a modéstia e a moderação são-vos ainda mais naturais; tendes as graças que conduzem ao sucesso no mundo, as luzes que levam a desprezá-lo e os talentos que o compensam; estareis onde desejareis estar, e sempre em casa.

Não é ainda suficiente; mil outras gozam de todas essas vantagens e não passam de mulheres vulgares. Dons mais preciosos fazem parte do vosso agradável quinhão. Um espírito justo e penetrante, um coração reto e sensível, uma alma animada pelo amor do belo, um sentimento refinado para o conhecer, são estas as garantias das esperanças que alimentei em vós. Não sou eu que quero que sejais a melhor, a mais digna, a mais respeitável das mulheres; foi a natureza que o desejou, não traias o seu parecer, não oculteis os seus talentos. Rogo-vos apenas que interrogueis o vosso coração, e que façais o que ele vos prescreve. Não escuteis a minha voz, ó Sophie, senão quando a sentirdes ser confirmada pela vossa.

Entre todos esses dons que o Céu derramou sobre vós, ousarei incluir aquele de um amigo fiel? Ele é um daqueles, sabei-lo, que não contente por vos estimar tal como sois, se deixa invadir por um vivo e puro entusiasmo por tudo o que se deve esperar de vós. Contempla-vos com um olhar ávido em todos os estados em que podeis estar; vê-vos em cada instante da sua vida, no passado, no presente, no futuro; gostaria de reunir ao mesmo tempo todo o vosso ser no fundo da sua alma. Não conhece outro prazer além do de se ocupar sempre de vós, o seu desejo mais caro é o de vos ver perfeita quanto baste para inspirar a todo o universo os mesmos sentimentos que tem por vós. Já próximo do final da minha curta carreira, com o ardor com que me sinto inflamado, parece que adquiro uma nova vida para a dedicar à orientação da vossa. O meu espírito ilumina-se com o fogo do meu coração, sinto em mim a invencível impulsão do génio. Creio-me enviado do Céu para aperfeiçoar a sua mais digna criação. Sim, Sophie, as ocupações dos meus derradeiros dias honrarão a minha estéril juventude se vos dignardes a escutar-me, o que terei feito por vós compensará a inutilidade de toda a minha vida; e eu próprio tornar-me-ei melhor esforçando-me por dar-vos o exemplo das virtudes pelas quais desejo inspirar-vos o amor.

Por muito que tenhamos deixado de nos ver, sinto que jamais deixaremos de nos amar, pois a nossa afeição mútua funda-se em relações que nunca perecem. É em vão que a fortuna e os malvados nos separam, os nossos corações estarão sempre próximos, e se se entendiam tão bem quando duas paixões contrárias lhes inspiravam desejos incompatíveis, o que não farão eles hoje, reunidos no mais digno objeto que os pôde preencher.

Recordai os belos dias desse verão tão adorável, tão curto e tão próprio a deixar longas memórias. Recordai os passeios solitários que adorávamos repetir nos outeiros cobertos de sombras onde o mais fértil vale do mundo ostentava diante do nosso olhar todas as riquezas da natureza, como que para nos desencorajar dos falsos benefícios da opinião. Meditai nessas deliciosas conversas em que, na efusão das nossas almas, a confidência das nossas dores as aliviava mutuamente, e em que derramavas a paz da inocência sobre os mais doces sentimentos que o coração do homem alguma vez apreciara. Sem estarmos unidos pelo mesmo nó, sem ardermos na mesma chama, não sei que fogo celeste ainda nos animava com o seu calor e nos fazia suspirar ao mesmo tempo por bens desconhecidos de que éramos feitos para gozar em conjunto. Não duvidais, Sophie, que esses bens tão desejados eram os mesmos que a imagem que ora vos ofereço, que a mesma tendência para tudo o que é bom e honesto ligava-nos um ao outro e a mesma sensibilidade unida fazia-nos encontrar mais delícias no objeto comum das nossas adorações. Quão mudados estaríamos e quão necessário seria lamentar-nos se alguma vez esquecêssemos momentos tão queridos, se deixássemos de nos lembrar com prazer um ao outro, sentados aos pés de um carvalho, a vossa mão na minha, os vossos olhos comovidos fixados nos meus e vertendo lágrimas mais puras do que o orvalho do céu. Sem dúvida que, de longe, o homem vil e corrompido podia interpretar os nossos discursos conforme a baixeza do seu coração; mas a testemunha imaculada, o olho eterno que não se oculta, veria talvez com complacência duas almas sensíveis encorajar-se mutuamente à virtude e alimentar, por uma efusão deliciosa, todos os puros sentimentos que ele lhes instilou.

São estas as garantias do sucesso dos meus cuidados, são estes os meus direitos para ousar assumi-los. Ao expor-vos os meus pensamentos sobre a prática da vida, pretendo menos dar-vos lições do que fazer-vos a minha profissão de fé; a quem melhor poderei eu confiar os meus princípios do que àquela que conhece tão bem todos os meus sentimentos? Sem dúvida que, juntamente com importantes verdades que sabereis utilizar, ireis encontrar aqui erros involuntários de que a vossa retidão de coração e de espírito saberá curar-me e preservar-vos. Examinai, discerni, escolhei, dignai-vos a explicar-me as razões da vossa escolha, e que possais retirar tanto proveito destas cartas quanto o autor espera receber das vossas reflexões. Se, por vezes, assumir convosco o tom de um homem que julga instruir, sabei-lo bem, Sophie, com esse ar de mestre nada faço senão obedecer-vos, e durante muito tempo dar-vos-ei lições semelhantes antes de vos pagar o preço daquelas que recebi de vós.

Mesmo que este texto não tivesse outra utilidade que não a de nos aproximar em certas ocasiões e de renovar, na ausência, essas agradáveis conversas que preencheram os meus derradeiros dias e constituíram os meus últimos prazeres, essa ideia bastaria para me recompensar dos trabalhos do resto da minha vida. Consolo-me no meio dos meus males imaginando que, quando não mais estiver, serei para vós ainda alguma coisa, que os meus escritos ocuparão o meu lugar junto de vós, que ao lê-los tomareis o gosto que encontravas em conversar comigo e que, se não trazem ao vosso espírito novas luzes, alimentarão pelo menos, no fundo da vossa alma, a recordação da mais terna amizade que alguma vez existiu.

Estas cartas não são escritas para ver o dia e não necessito de dizer-vos que nunca o verão sem o vosso consentimento.

Mas se um dia as circunstâncias vos permitissem consenti-lo, a que ponto a pureza do zelo que me liga a vós tornaria de bom grado a declaração pública? Sem surgir o vosso ou o meu nome nesta obra, não escapariam porventura às suspeitas daqueles que nos conheceram; no meu caso, ficaria mais envaidecido do que humilhado por essa perspicácia, e não granjearia senão mais estima ao exibir aquela que tenho por vós. Quanto a vós, amável Sophie, embora não necessiteis do meu sufrágio para seres honrada, gostaria que o mundo inteiro tivesse os olhos sobre vós, gostaria de ver todo o mundo instruído sobre o que espero das qualidades da vossa alma, a fim de vos inspirar mais coragem e força para satisfazer essa expectativa aos olhos do público. Dirão que a minha afeição ou o meu apreço não foram desperdiçados, e sobretudo às mulheres; serão por isso mais curiosos em examinar aquela que reuniu tão perfeitamente ambos. Encarrego-vos da minha glória, ó Sophie, justificai, se conseguires, a honra que recebi dos homens de bem. Fazei com que à vossa presença e à minha memória se diga um dia: ah!, esse homem amava a virtude e sabia avaliar o mérito.

## Carta II

A finalidade da vida humana é a felicidade do homem, mas quem de nós saberá como alcançá-la? Sem princípio, sem fim assegurado, erramos de desejo em desejo e aqueles que acabamos por satisfazer deixam-nos tão longe da felicidade como antes de os ter obtido. Não temos uma regra invariável, nem na razão, à qual falta suporte, ação e consistência, nem nas paixões, que, sem cessar, se sucedem e destroem mutuamente. Vítimas da cega inconstância dos nossos corações, a fruição dos bens desejados prepara-nos apenas para as privações e penas, tudo o que possuímos não serve senão para nos mostrar aquilo que nos falta, e por desconhecermos como se deve viver, morreremos todos sem ter vivido. Se existe algum meio possível de nos libertarmos dessa terrível dúvida, é o de estendê-la por um tempo além dos seus limites naturais, de desconfiar de todas as suas inclinações, de estudar-se a si mesmo, de levar a chama da verdade ao fundo da alma, de examinar por uma vez tudo o que pensamos, tudo em que cremos, o que sentimos e o que devemos pensar, sentir e acreditar para ser feliz tanto quanto permite a condição humana.

Eis, minha encantadora amiga, o exame que hoje vos proponho.

Mas que faremos nós, ó Sophie, que não tivéssemos feito já mil vezes? Todos os livros nos falam do soberano bem, todas as filosofias no-lo mostram, todos ensinam aos outros a arte de ser feliz, mas ninguém a encontrou por si mesmo. Nesse labirinto imenso dos raciocínios humanos aprendeis a discorrer e não a viver, ireis perder-vos nas subtilezas metafísicas, as obscuridades da filosofia cercar-vos-ão de todo o lado, vereis por toda a parte objeções e dúvidas, e à força de vos instruirdes acabareis por nada saber. Esse método permite falar de tudo, brilhar num grémio literário; torna os eruditos em espirituosos, em palradores, em briguentos, em afortunados, na perspetiva dos que os escutam, em infelizes logo que se acham sós. Não, minha querida filha, o estudo que vos proponho não oferece um saber de ostentação que se possa exibir aos olhos de outrem, mas satisfaz a alma de tudo o que causa a felicidade do homem; ele satisfaz não os outros, mas nós mesmos, não traz palavras à boca, mas sentimentos ao coração. Ao entregarmo-nos a ele confiamos mais na voz da natureza do que na da razão, e, sem falar da sabedoria e da felicidade com tanta afetação, tornamo-nos sábios por dentro e felizes por nós mesmos. É nesta filosofia que procuro instruir-vos; é no silêncio do vosso quarto que quero conversar convosco. Contanto que sintais que tenho razão, cuidarei pouco de o provar; não vos ensinarei a responder a objeções, mas procurarei que não tenhais nenhuma a fazer-me; confio mais na vossa boa-fé do que nos meus argumentos, e sem me embaraçar em regras de escola, não apelarei senão ao vosso coração como prova de tudo o que tenho a dizer-vos.

Considerai este universo, minha amável amiga, lançai os olhos sobre este teatro de erros e misérias que, quando o contemplamos, nos faz lamentar o triste destino do homem. Vivemos no clima e no século da filosofia e da razão.

As luzes de todas as ciências parecem reunir-se ao mesmo tempo para iluminar os nossos olhos e guiar-nos nesse obscuro labirinto da vida humana. Os mais belos génios de todas as idades reúnem as suas lições para nos instruir, bibliotecas imensas são abertas ao público, uma quantidade enorme de colégios e universidades oferecem-nos desde a infância a experiência e a meditação de quatro mil anos. A imortalidade, a glória, a própria riqueza e muitas vezes as honras são o preço dos mais dignos na arte de instruir e iluminar os homens. Tudo concorre para aperfeiçoar o nosso entendimento e oferecer a cada um de nós tudo o que pode formar e cultivar a razão. Tornámo-nos melhores ou mais sábios, sabemos melhor qual o caminho e qual o fim da nossa curta carreira, estaremos mais de acordo sobre os primeiros deveres e os verdadeiros bens da espécie humana? O que ganhámos nós com todo este inútil saber senão querelas, ódios, incerteza e dúvidas? Cada seita é a única a ter encontrado a verdade. Cada livro contém em exclusivo os preceitos da sabedoria, cada autor é o único que nos ensina o que é bem. Um prova-nos que não há corpo, outro que não existem almas, outro que a alma não tem qualquer relação com o corpo, outro que o homem é um animal, outro que Deus é um espelho.(*) Não há máxima tão absurda que um qualquer autor reputado não tenha avançado; nenhum axioma tão evidente que não haja sido combatido por algum deles; está tudo bem desde que se diga de um modo diferente dos outros, e encontram-se sempre razões para defender o que é novo de preferência ao que é verdadeiro.

Que admirem à vontade a perfeição das suas artes, o número e a grandeza das suas descobertas, a extensão e a sublimidade do génio humano; iremos felicitá-los por conhecerem toda a natureza fora deles próprios e por terem

---

(*) Referência a Berkeley. *(N. do T.)*

encontrado todas as artes exceto a de ser feliz? Somos felizes, exclamam eles tristemente, quantos recursos para o bem-estar, que profusão de comodidades desconhecidas dos nossos pais, quantos prazeres apreciamos nós que eles ignoravam. É verdade, tendes a brandura, mas eles tinham a felicidade; vós sois raciocinadores, eles eram razoáveis; vós sois polidos, eles eram humanos; todos os vossos prazeres estão fora de vós, os deles estavam neles próprios. E qual o preço destas volúpias cruéis que o menor número compra às custas da maioria? O luxo das cidades leva às aldeias a miséria, a fome, o desespero, se alguns homens são mais felizes, o género humano é mais lastimável. Ao multiplicar-se as comodidades da vida para alguns ricos, outra coisa não se faz senão forçar a maior parte dos homens a considerar-se miserável. Que felicidade bárbara é essa que apenas se sente às custas dos outros? Almas sensíveis, dizei-me, o que é uma felicidade que se compra com dinheiro?

Os conhecimentos tornam os homens moderados, afirmam ainda, o século é menos cruel, vertemos menos sangue. Ah, infelizes! Fazeis verter menos lágrimas, e os infortunados que se mata de indolência ao longo de uma vida inteira, não desejariam eles antes perdê-la de uma vez por todas no cadafalso? De modo a ser mais moderado, sois vós menos injustos, menos vingativos, será a virtude menos oprimida, a força menos tirânica, o povo menos sobrecarregado, veem-se menos crimes, os malfeitores são mais raros, estarão as prisões menos cheias? Que haveis ganho, então, em amolecer-vos? Os vícios que revelam coragem e vigor substituíste-los pelos das pequenas almas. A vossa moderação é baixa e pusilânime, martirizais secretamente e em segurança aqueles que teríeis atacado com violência. Se sois menos sanguinários, não é por virtude, mas por fraqueza; em vós, é tão-só mais um vício.

A arte de raciocinar não é a razão, muitas vezes é o seu abuso. A razão é a faculdade de ordenar convenientemente todas as faculdades da nossa alma à natureza das coisas e às suas relações connosco. O raciocínio é a arte de comparar verdades conhecidas para compor outras verdades que se ignorava e que essa arte nos faz descobrir. Mas não nos ensina a conhecer essas verdades primitivas (*) que servem de elemento às outras, e quando no seu lugar colocamos as nossas opiniões, as nossas paixões, os nossos preconceitos, longe de nos iluminar, cega-nos, não eleva a alma, debilita e corrompe o juízo que devia aperfeiçoar.

Na cadeia dos raciocínios que servem para formar um sistema, a mesma proposição reaparecerá cem vezes com diferenças quase impercetíveis que escaparão ao espírito do filósofo. Essas diferenças, tantas vezes multiplicadas, modificarão por fim a proposição a ponto de a alterar por completo sem que ele se aperceba, dirá de uma coisa o que acreditará provar de uma outra e as suas consequências serão outros tantos erros. Este inconveniente é inseparável do espírito de sistema que, por si só, conduz aos grandes princípios e consiste numa permanente generalização. Os inventores generalizam tanto quanto podem, esse método amplia as descobertas, dá um ar de génio e de força aos que as fazem, e porque a natureza age sempre mediante leis gerais, ao estabelecer princípios gerais, creem, por sua vez, ter penetrado no seu mistério. À força de estender e abstrair um pequeno facto, transformamo-lo numa regra universal; acreditamos remontar aos princípios, desejamos reunir num único objeto mais ideias do que o entendimento humano pode comparar e afirmamos uma verdade de uma infinidade de seres que muitas vezes dificilmente se encontra num único ser. Os observadores, menos brilhantes e mais frios, surgem de seguida acrescentando constantemente exceção sobre exceção, até que a proposição geral se torna tão particular que já não é possível inferir dela

(*) As verdades inatas. *(N do T.)*

mais nada, e as distinções e a experiência reduzem-na ao facto único do qual a extraíram. É assim que os sistemas se estabelecem e se destroem sem que os novos raciocinadores recusem erguer sobre as suas ruínas outros que não durarão muito mais tempo.

Dispersando-se então por diversos caminhos, cada um crê chegar ao verdadeiro fim na medida em que ninguém percebe o rasto de todos os desvios que fez. Por conseguinte, que fará aquele que procura sinceramente a verdade entre toda essa multidão de eruditos que pretendem tê-la encontrado e se desmentem mutuamente? Pesará ele todos os sistemas? Folheará todos os livros, escutará todos os filósofos, comparará todas as seitas, ousará pronunciar-se entre Epicuro e Zenão, entre Aristipo e Diógenes, entre Locke e Shaftesbury? Ousará preferir os seus conhecimentos aos de Pascal e a sua razão à de Descartes? Ouvi discorrer na Pérsia um mulá, na China um bonzo, na Tartária um lama, um brâmane na Índia, na Inglaterra um quáquer, na Holanda um rabino, ficaríeis espantada com a força de persuasão que cada um deles sabe dar à sua absurda doutrina. Quantos homens tão sensatos quanto vós não terão eles convencido? Se vos dignais tão-só a escutá-los, se vos rides dos seus inúteis argumentos, se recusais crer neles, não é a razão que resiste em vós aos seus preconceitos, é a vossa.

A vida teria passado dez vezes antes de se ter discutido a fundo uma só dessas opiniões. Um burguês de Paris ri-se das objeções de Calvino, que aterrorizam um doutor da Sorbonne. Quanto mais se aprofunda, mais se descobrem motivos de dúvida, e embora se oponham razões a razões, autoridades a autoridades, aprovações a aprovações, quanto mais se avança, mais se deparam motivos para duvidar; quanto mais nos instruímos, menos sabemos, e ficamos espantados que, em lugar de aprendermos o que ignorávamos, perdemos mesmo a ciência que acreditávamos possuir.

# Carta III

Não sabemos nada, minha querida Sophie, não vemos nada; somos um bando de cegos à aventura neste vasto universo. Cada um, sem compreender qualquer objeto, faz de todos uma imagem fantasiosa que assume em seguida como a regra do verdadeiro; e como essa ideia não se assemelha à de nenhum outro entre essa multidão medonha de filósofos cuja tagarelice nos confunde, não se encontram dois que concordem sobre o sistema deste universo que todos asseguram conhecer, nem sobre a natureza das coisas que todos se preocupam em explicar.

Infelizmente, o que é para nós, justamente, o menos conhecido é o que importa mais conhecer, a saber: o homem. Não vemos nem a alma de outrem, porque se oculta, nem a nossa, porque não temos um espelho intelectual. Somos cegos de todos os lados, mas cegos natos que não imaginam o que seja a visão e que não acreditam ter falta de uma qualquer faculdade, querendo avaliar as lonjuras do mundo enquanto as nossas curtas luzes, como as nossas mãos, não chegam senão a dois passos de nós.

Ao aprofundar esta ideia, não a julgaríamos talvez menos justa no sentido literal do que no figurado. Os nossos sentidos são os instrumentos de todos os nossos conhecimentos. É deles que nos chegam todas as ideias, ou, quando muito, todas têm origem neles. O entendimento humano, constrangido e encerrado no seu invólucro, não pode, por assim dizer, atravessar o corpo que o comprime e só age através das sensações. São, se se quiser, cinco janelas pelas quais a nossa alma desejaria dar-se a luz; mas as janelas são pequenas, a vidraça é baça, o muro espesso e a casa muito mal iluminada. Os nossos sentidos são-nos dados para nos conservar, não para nos instruir, para nos avisar daquilo que nos é útil ou prejudicial, não do que é verdadeiro ou falso, o seu destino não é serem empregados nas investigações da natureza, são insuficientes quando os usamos assim, enganam-nos, e jamais podemos estar certos de encontrar a verdade por seu intermédio.

Os erros de um sentido corrigem-se com outro; se possuíssemos apenas um, ele nunca nos enganaria. Por conseguinte, não temos senão regras falíveis para nos corrigirmos uns aos outros. Quando duas regras se acordam, enganar-nos-ão elas pelo seu próprio acordo, e se nos falta a terceira, que meio resta para descobrir o erro?

A visão e o tato são os dois sentidos que mais nos servem à investigação da verdade, porque nos oferecem objetos mais integrais e num estado de permanência mais adequado à observação do que aquele em que esses mesmos objetos se dão aos outros três sentidos. Os dois primeiros parecem também partilhar entre si todo o espírito filosófico. A visão que com uma olhadela mede o hemisfério inteiro representa a vasta capacidade do génio sistemático. O toque lento e progressivo que se assegura de um objeto antes de passar a outro assemelha-se ao espírito de observação. Um e outro possuem também os defeitos das faculdades que representam. Quanto mais o olho se fixa em objetos afastados, mais sujeito está às ilusões de ótica, e a mão, sempre ocupada com alguma parte, não conseguiria abraçar um todo maior.

É certo que a visão é, de todos os nossos sentidos, aquele do qual recebemos ao mesmo tempo mais conhecimentos e mais erros, é por ela que avaliamos quase toda a natureza e é ela que nos sugere quase todos os nossos falsos juízos. Tereis ouvido falar na famosa operação ao cego de nascença a quem não um santo mas um cirurgião deu a vista, e que precisou de muito tempo para aprender a servir-se dela. Segundo ele, tudo o que via estava no seu olho, quando observava corpos desiguais à distância, não fazia qualquer ideia nem das grandezas nem das distâncias, e quando começou a discernir os objetos, não era ainda capaz de distinguir um retrato de um original; faltou verificar se via os objetos invertidos.

Com toda a experiência adquirida, não existe homem que não esteja sujeito a formular, por meio da visão, falsos juízos dos objetos que estão afastados, a fazer falsas avaliações daqueles que estão debaixo dos seus olhos, e o mais impressionante é que esses erros nem sempre se incluem entre as regras da perspetiva.

Mas se a visão nos engana tantas vezes e só o tato a corrige, o próprio tato engana-nos numa miríade de ocasiões. Quem nos garantirá que não nos engana sempre e que não seria preciso um sexto sentido para o retificar? A experiência da pequena esfera rolante entre dois dedos cruzados mostra que não somos menos escravos do hábito nos nossos juízos do que nas nossas inclinações. O tato que se vangloria de ajuizar tão bem das figuras não julga com exatidão de nenhuma, não nos ensinará nunca se uma linha é direita, se uma superfície é plana, se um cubo é regular; não ajuíza melhor a propósito dos graus de calor: a mesma cave parece-nos fresca no verão e quente no inverno sem que a temperatura tivesse mudado; ponde a mão direita no ar, a esquerda num fogo vivo, depois mergulhai-as ao mesmo tempo em água morna e essa água parecerá quente à mão direita e fria à mão esquerda. Todos raciocinam sobre o peso, mas ninguém sente o seu efeito mais geral que é a pressão do ar; dificilmente sentimos o fluxo que nos envolve e cremos carregar tão-somente o peso do nosso corpo, ao passo que carregamos o de toda a atmosfera. Se pretendeis sentir um ligeiro sinal disso, quando estiverdes no banho, afastai lentamente o braço para fora da água em posição horizontal e, à medida que o ar pressionar o braço, sentireis fadiga nos vossos músculos devido a essa terrível pressão, da qual possivelmente nunca havíeis suspeitado. Mil outras observações semelhantes nos ensinariam de quantas maneiras o mais seguro dos sentidos nos ilude, seja ocultando ou alterando efeitos que existem, seja supondo que não existem. Por mais que juntemos a vista e o tato para julgar a extensão que é da competência dos dois, não sabemos, mesmo assim, o que seja a grandeza e a pequenez. A grandeza aparente dos objetos é relativa à estatura daquele que as mede. O cascalho que um ácaro encontra no seu caminho surge-lhe com o tamanho dos Alpes. Um pé para nós é uma toesa aos olhos de um pigmeu e um polegar aos de um gigante. Se assim não fosse, os nossos sentidos seriam desproporcionados às nossas necessidades e não conseguiríamos subsistir. Em todos os sentidos, cada um toma para si mesmo a medida de todas as coisas. Onde está portanto a grandeza absoluta, estarão todos enganados ou ninguém? Não é necessário dizer mais para vos fazer entrever até onde se poderiam levar as consequências destas reflexões. Toda a geometria se funda exclusivamente na vista e no tato, e estes dois sentidos têm porventura necessidade de serem retificados por outros que nos faltam; o que para nós existe de mais demonstrado é, por conseguinte, ainda suspeito, e não é possível saber se os *Elementos* de Euclides não são uma sucessão de erros.

Não é tanto o raciocínio que nos falta, mas a base de apoio do raciocínio. O espírito do homem está em condições de fazer muito mais, mas os sentidos fornecem-lhe pouco material e a nossa alma ativa nas suas relações gosta mais de aplicar-se em quimeras ao seu alcance do que permanecer ociosa e sem movimento. Não nos espantemos, pois, em ver a filosofia orgulhosa e vã perder-se em devaneios, e os mais belos génios consumirem-se com puerilidades. Com que desconfiança devemos entregar-nos às nossas fracas luzes, quando vemos o mais metódico dos filósofos, aquele que melhor estabeleceu os seus princípios e o que mais consequentemente raciocinou, perder-se desde os primeiros passos e afundar-se de erro em erro em sistemas absurdos. Quando quis cortar de uma só vez a raiz de todos os preconceitos, Descartes começou por pôr tudo em dúvida, por submeter tudo ao exame da razão. Partindo deste princípio único e incontestável, «penso, logo existo», e caminhando com os maiores cuidados, julgou avançar para a verdade e não encontrou senão mentiras. A respeito deste primeiro princípio começou por se examinar, depois, descobrindo em si propriedades muito distintas e que pareciam pertencer a duas substâncias diferentes, aplicou-se primeiramente a conhecer bem estas duas substâncias, e, excluindo tudo o que não estivesse clara e necessariamente contido na sua ideia, definiu uma como substância extensa e a outra como substância cogitante. Definições tanto mais sábias quanto deixam de certo modo por decidir a obscura questão das duas substâncias, e porque não se conclui absolutamente que a extensão e o pensamento não se possam unir e penetrar numa mesma substância. Pois bem, essas definições que pareciam incontestáveis foram destruídas em menos de uma geração. Newton mostrou que a essência da matéria não consiste na extensão, Locke mostrou que a essência da alma não consiste no pensamento. Adeus a toda a filosofia do sábio e metódico Descartes. Serão os seus sucessores mais felizes, os seus sistemas durarão mais? Não, Sophie, começam a vacilar; ruirão da mesma forma, são obra de homens.

Porque não podemos nós saber o que é espírito e matéria? Porque nada sabemos senão pelos nossos sentidos, e porque são insuficientes para nos ensinar. Logo que ambicionamos desenvolver as nossas faculdades, sentimo-las constrangidas pelos nossos órgãos; a própria razão submetida aos sentidos está como eles em contradição consigo mesma; a geometria está cheia de teoremas demonstrados impossíveis de conceber. Em filosofia, substância, alma, corpo, eternidade, movimento, liberdade, necessidade, contingência, etc., são tantas as palavras a que se é forçado a empregar a cada momento e que ninguém jamais concebeu. A simples física não nos é menos obscura que a metafísica e a moral, o grande Newton, o intérprete do universo, não suspeitava sequer das maravilhas da eletricidade, que parece ser o princípio mais ativo da natureza. A mais comum das suas operações e a mais fácil de observar, a saber, a multiplicação dos vegetais pelas suas sementes, está ainda por conhecer, e todos os dias se descobrem factos novos que perturbam todos os raciocínios. O Plínio do nosso século(*), desejando revelar o mistério da geração, viu-se forçado a recorrer a um princípio ininteligível e inconciliável com as leis conhecidas da mecânica e do movimento; explique-se quanto se queira, encontraremos por todo o lado dificuldades inexplicáveis que nos mostram não termos uma noção segura de nada.

Pudestes ver no monumento(**) do abade de Condillac que graus de conhecimento pertenceriam a cada sentido se nos fossem dados separadamente e os bizarros raciocínios

---

(*) Referência a Buffon, naturalista francês, autor da célebre obra *Histoire naturelle.* *(N. do T.)*

(**) Refere-se à obra *Traité des sensations.* *(N. do T.)*

que os seres dotados de menos órgãos que nós fariam da natureza das coisas. Na sua opinião, que diriam de nós outros seres dotados de outros sentidos que são desconhecidos? Como provar que esses sentidos não existem e que não iluminariam as trevas que os nossos não conseguem destruir? Nada há de fixo no número de sentidos necessários para dar o sentimento e a vida a um ser corpóreo e estruturado. Consideremos os animais: muitos têm menos sentidos que nós, por que razão outros não teriam mais? Por que razão não possuiriam eles alguns que nos serão eternamente desconhecidos porquanto não teriam qualquer influência sobre os nossos e pelos quais se explicaria o que nos parece inexplicável em muitas ações dos animais? Os peixes não ouvem, os pássaros e os peixes não possuem olfato, nem os caracóis nem as minhocas possuem olhos, e o tato parece ser o único sentido da ostra, mas quantos animais tomam precauções, previdências, astúcias inconcebíveis que talvez fosse melhor atribuir a um qualquer órgão alheio ao homem do que a esse conceito ininteligível de instinto? Que orgulho pueril o de regular as faculdades de todos os seres segundo as nossas, enquanto tudo desmente esse ridículo preconceito aos nossos próprios olhos. Como assegurar que não somos, de todos os seres racionais que os diversos mundos podem conter, os menos favorecidos pela natureza, os menos providos de órgãos próprios ao conhecimento da verdade, e que não será a essa insuficiência que devemos a incompreensibilidade que nos detém, a cada instante, em mil verdades demonstradas?

Com tão poucos meios para observar a matéria e os seres sensíveis, como esperamos nós poder julgar da alma e dos seres espirituais? Suponhamos que tais seres existem, se ignoramos o que é um corpo, como saberemos o que é um espírito? Vemo-nos rodeados de corpos sem almas, mas quem de entre nós alguma vez dá conta de uma alma sem corpo e pode ter a menor ideia de uma substância puramente espiritual? Que podemos nós dizer da alma da qual nada conhecemos senão o que atua pelos sentidos? Como podemos nós saber se ela não possui uma infinidade de outras faculdades que, para se desenvolverem, apenas esperam uma disposição adequada ou o retorno da liberdade? As nossas luzes chegar-nos-ão pelos sentidos, de fora para dentro, segundo os materialistas, ou escapam elas de dentro para fora como o pretendia Platão? Se a luz entra na casa pelas janelas, os sentidos são a armadilha do entendimento. Ao contrário, se a casa está iluminada de dentro, poderíeis fechar tudo, que a luz não existiria menos, embora contida; mas quanto mais janelas abrirdes, mais claridade sairá e mais fácil vos será distinguir os objetos circundantes. É, portanto, uma questão bastante pueril a de perguntar como uma alma pode ver, ouvir e tocar, sem mãos, sem olhos e sem orelhas; gostaria tanto que um coxo perguntasse como se pode caminhar sem muletas; seria bem mais filosófico perguntar de que modo, com mãos, olhos e orelhas, uma alma pode ver, ouvir e tocar; porque a maneira como o corpo e a alma agem um sobre o outro foi sempre o desespero da metafísica, e atribuir sensações à pura matéria é ainda mais embaraçoso.

Quem sabe se não há espíritos com diferentes graus de perfeição, a cada um dos quais a natureza deu corpos estruturados segundo as faculdades a que são suscetíveis, desde a ostra até nós, na Terra, e, porventura, desde nós até às mais sublimes espécies em mundos diversos? Quem sabe se aquilo que distingue o homem do animal não é senão o facto de a alma deste não ter mais faculdades que o seu corpo sensações, ao passo que a alma humana, comprimida num corpo que constrange a maior parte das suas faculdades, deseja a cada momento forçar a sua prisão e juntar uma audácia quase divina à fraqueza da humanidade? Não é assim que esses grandes génios, a maravilha e honra da sua espécie, transpõem, por assim dizer, a barreira dos sentidos, se lançam para as regiões celestes e intelectuais, e se elevam tanto acima do homem vulgar quanto a natureza elevou este último acima dos animais? Porque não imaginar o vasto seio do universo cheio de uma infinidade de espíritos de mil ordens diferentes, eternos admiradores do jogo da natureza e espectadores inevitáveis das ações dos homens? Ó Sophie minha, que agradável me é pensar que assistiam por vezes às nossas mais encantadoras conversas e que um murmúrio de aplausos se elevava entre essas puras inteligências, ao ver dois amigos afetuosos e honestos fazer, no íntimo do seu coração, sacrifícios à virtude.

Que estas não sejam senão conjeturas improváveis é coisa que assumo, mas basta-me que se não possa provar o contrário para deduzir as dúvidas que pretendo estabelecer. Onde estamos? Que vemos nós, que sabemos, o que é que existe? Não corremos senão atrás de sombras que nos escapam. Alguns espectros ligeiros, alguns fantasmas estéreis volteiam diante dos nossos olhos e julgamos ver a eterna cadeia dos seres. Não conhecemos uma substância no universo, não estamos sequer seguros de lhe ver a superfície e queremos sondar o abismo da natureza. Deixemos um tão pueril trabalho para essas crianças a quem chamamos filósofos. Após ter percorrido o círculo estreito do seu inútil saber, é preciso findar por onde Descartes havia começado: «penso, logo existo». Eis tudo o que sabemos.

# Carta IV

Quanto mais o homem olha para si, mais se acha pequeno. Mas o vidro que diminui é feito somente para olhos bons. Não é, minha cara Sophie, um estranho orgulho aquele que se adquire ao sentir toda a sua miséria; eis, no entanto, tudo aquilo que se pode extrair da sã filosofia. Por mim, perdoaria cem vezes mais ao falso sábio a vaidade quanto ao seu suposto saber, do que ao verdadeiro pela sua ignorância. Que um louco se erga como um semideus, a sua loucura é ao menos consequente, mas crer-se um inseto e rastejar altivamente sobre a erva, é, para mim, o cúmulo da absurdidade. Qual é, pois, a primeira lição da sabedoria, ó Sophie? A humildade! A humildade de que fala o cristão, e que o homem conhece tão pouco, é o primeiro sentimento que deve nascer em nós do estudo de nós mesmos. Sejamos humildes quanto à nossa espécie para podermos orgulhar-nos da nossa pessoa. Não digamos, na nossa imbecil vaidade, que o homem é o rei do mundo, que o Sol, os astros, o firmamento, o ar, a terra, o mar são feitos para ele, que os vegetais germinam para a sua subsistência, que os animais vivem para que os devore;

com esta maneira de pensar, esta devorante sede de felicidade, de excelência e de perfeição, por que razão não crerá cada um que o resto do género humano foi criado para o servir? E não se considerará, pessoalmente, como o único objeto de todas as obras da natureza? Se tantos seres são úteis à nossa conservação, estaremos nós seguros de ser menos úteis à sua? O que é que isso prova senão a nossa fraqueza, e como conhecemos nós melhor o seu destino do que o nosso?; se fôssemos privados da visão, como aprenderíamos que existem aves, peixes, insetos quase insensíveis ao tato?; muitos desses insetos, por sua vez, parecem não ter qualquer ideia de nós. Porque não existiriam, então, outras espécies mais excelentes, que nunca conheceremos por falta de sentidos adequados para os descobrir e para quem somos, porventura, tão desprezíveis quanto os vermezinhos o são aos nossos olhos? Mas basta de depreciar o homem enfatuado com os dons que não possui; restam-lhe bastantes para alimentar um orgulho mais digno e mais legítimo; se a razão o esmagar e aviltar, o sentimento interior o eleva e honra; a homenagem involuntária que o malvado presta ao justo em segredo é o verdadeiro título de nobreza que a natureza gravou no coração do homem.

Nunca haveis vós sentido essa secreta inquietude que nos atormenta à vista da nossa miséria e que se indigna das nossas fraquezas como de uma afronta às faculdades que nos enobrecem? Nunca haveis vós experimentado esses arrebatamentos involuntários que obrigam por vezes uma alma sensível à contemplação do belo moral e da ordem intelectual das coisas, esse ardor voraz que vem de repente inflamar o coração do amor das virtudes celestes, esses sublimes devaneios que nos alçam acima do nosso ser e nos elevam ao céu ao lado do próprio Deus? Ah, se esse fogo sagrado pudesse durar, se esse nobre delírio animasse toda a nossa vida, que ações heroicas amedrontariam a nossa coragem, que vícios ousariam aproximar-se de nós, que vitórias não obteríamos sobre nós mesmos e o que de grandioso existiria que não pudéssemos obter pelos nossos esforços? Minha respeitável amiga, o princípio dessa força está em nós; ela mostra-se um momento para nos excitar a procurá-la sem descanso; esse santo entusiasmo é a energia das nossas faculdades que se apartam dos seus laços terrestres e talvez nos caiba a nós apenas a tarefa de o conservar continuamente nesse estado de liberdade. Em todo o caso, sentimos pelo menos em nós mesmos uma voz que nos impede de nos desprezarmos, a razão humilha-se, mas a alma é elevada; se somos pequenos pelas nossas luzes, somos grandes pelos sentimentos, e seja qual for o nosso estatuto no sistema do universo, um ser amigo da justiça e sensível às virtudes não é abjeto pela sua natureza.

Nada mais tenho a demonstrar-vos, ó Sophie, e se se tratasse apenas de filosofia ficar-me-ia neste ponto, e achando-me preso por todos os lados pelos limites das minhas luzes, acabaria de vos instruir antes de ter começado; mas já vos disse, o meu desígnio não é de raciocinar convosco e é do fundo do vosso coração que eu quero extrair os únicos argumentos que devem convencer-vos. Que vos diga, pois, o que se passa no meu, e se sentirdes a mesma coisa, os mesmos princípios devem convir-nos, o mesmo caminho deve conduzir-nos na procura da verdadeira felicidade.

No espaço de uma vida assaz curta, experimentei grandes vicissitudes; sem sair da minha pobreza, experimentei, por assim dizer, todos os estados, o bem e o mal-estar fizeram-se sentir em mim de todas as maneiras. A natureza deu-me a alma mais sensível, a fortuna submeteu-a a todas as afeções imagináveis e creio poder dizer, como uma personagem de Terêncio, que nada de humano me é estranho.

Em todas as mais diversas situações, sempre me senti afetado de duas maneiras diferentes e algumas vezes contrárias, uma do lado do estado da minha fortuna e outra do lado da minha alma, de sorte que ora um sentimento de felicidade e de paz me consolava nas minhas desgraças, ora um desassossego importuno me perturbava durante a prosperidade.

Estas disposições interiores, independentes da fortuna e dos acontecimentos, fizeram-me uma impressão tanto mais viva quanto a minha tendência para a vida contemplativa e solitária lhes permitia um melhor desenvolvimento. Sentia em mim, por assim dizer, a compensação do meu destino, consolava-me das minhas penas na mesma solidão em que vertia lágrimas quando estava feliz. Ao buscar o princípio dessa força oculta que balançava assim o império das minhas paixões, percebia que tinha origem num juízo secreto que fazia sem nisso pensar, sobre as ações da minha vida e sobre os objetos dos meus desejos. Os meus males atormentavam-me menos quando imaginava que não eram criação minha. E os meus prazeres perdiam todo o seu valor quando observava a sangue-frio aquilo em que os fazia consistir. Acreditei sentir em mim um germe de bondade que me compensava da má fortuna e um germe de grandeza que me elevava acima da boa [fortuna]; vi que é em vão que se busca longe de nós a felicidade quando se negligencia o seu cultivo em nós mesmos; porque, por muito que venha de fora, só pode tornar-se sensível quando encontra no nosso interior uma alma apta a apreciá-la.

Este princípio de que vos falo não me serve somente para dirigir as minhas ações atuais segundo a regra que me prescreve, mas ainda a fazer uma justa avaliação da minha conduta passada, censurando-a, ainda que boa na aparência, aprovando-a, ainda que condenada por vezes pelos homens e não me recordando dos acontecimentos da minha juventude senão como uma memória local das diversas afeções que originaram em mim.

À medida que avanço para o termo da minha carreira, sinto enfraquecer todos os impulsos que me submeteram durante tanto tempo ao império das paixões. Após ter esgotado tudo o que um ser sensível pode experimentar de bem e de mal, perco pouco a pouco a vista e a expectativa de um futuro que nada mais tem para me deleitar. Os desejos extinguem-se com a esperança, a minha existência já não é senão a minha memória, já não vivo senão da minha vida passada e a sua duração cessa de me ser querida logo que o meu coração nada mais tem para sentir de novo.

Nesse estado, é natural que me agrade voltar os olhos para o passado do qual retenho doravante todo o meu ser; é então que os meus erros se corrigem e que sinto em mim o bem e o mal sem mistura nem preconceitos.

Todos os falsos juízos que as paixões me levaram a fazer esvanecem-se com elas. Vejo os objetos que mais me afetaram, não como me pareceram durante o meu delírio, mas como realmente são. A recordação das minhas ações boas ou más cria-me um bem-estar ou [um] mal-estar duradouro mais real do que aquilo que foi seu objeto; assim os prazeres de um momento me prepararam amiúde longos remorsos; assim os sacrifícios feitos à honestidade e à justiça compensam-me todos os dias por aquilo que uma vez me custaram e dão-me eternas alegrias por breves privações.

A quem poderei eu falar melhor dos encantos destas lembranças senão àquela que me leva a saboreá-las novamente? É a vós, Sophie, que cabe tornar-me querida a memória dos meus últimos devaneios mediante aquelas virtudes que me afastaram deles. Fizestes-me corar demasiado pelas minhas faltas para que possa corar hoje por elas, e não sei o que faz de mim mais orgulhoso, [se] as vitórias sobre mim mesmo ou o auxílio que me fez vencê-las. Se não tivesse escutado outra coisa que não uma paixão criminosa, se tivesse sido vil por um momento e se vos tivesse achado fraca, quão caro não pagaria agora pelos arrebatamentos que me teriam parecido tão doces; [e] privados de todos os sentimentos que nos haviam unido, teríamos deixado de o ser. A vergonha e o arrependimento teriam feito de nós odiosos um para o outro; ter-vos-ia odiado por vos ter amado demasiado, e que embriaguez de volúpia compensaria alguma vez o meu coração de uma tão pura e terna ligação? Em lugar deste funesto afastamento, nada recordo de vós que não me torne mais satisfeito comigo mesmo, e que não some à amizade que me inspirastes a honra, o respeito e o reconhecimento de me ter mantido digno de vos amar. Como poderia eu conceber sem prazer esses momentos que me não foram dolorosos apenas porque me pouparam eternos sofrimentos? Como não desfrutaria eu hoje do encanto de ter escutado da vossa boca tudo aquilo que pode elevar a alma e valorizar a união dos corações? Ah, Sophie, que teria eu podido ser após ter sido insensível junto de vós a tudo o que me tinha feito ganhar a vossa estima e vos ter mostrado no amigo que escolhestes um infeliz que devíeis desprezar?

É tudo aquilo que é mais tocante na imagem da virtude que colocais diante dos meus olhos, é o receio de manchar tão tarde uma vida sem mácula, de perder num instante o valor de tantos sacrifícios; é a garantia sagrada da amizade que tinha de respeitar, é de tudo o que a fé, a honra, a probidade têm de mais inviolável que se formava a barreira que continuamente opondes a todos os meus desejos. Não, Sophie, não há um só dia em que os vossos discursos não venham comover ainda o meu coração e arrancar-me deliciosas lágrimas. Todos os sentimentos que nutro por vós se embelezam graças àquele que os superou. São a glória e a doçura da minha vida, é a vós que devo tudo isso, é quando muito por vós que lhes sinto o valor. Minha querida e digna amiga, procurava a penitência e vós fizestes-me encontrar a felicidade.

É este o estado de uma alma que, ousando propor-se a vós como modelo, não vos oferece com isso senão o fruto dos vossos cuidados. Se esta voz interior que me julga em segredo, e que sem cessar se faz ouvir no meu coração, se faz ouvir igualmente no vosso, aprendei a escutá-la e a segui-la, aprendei a tirar de vós os primeiros bens; são os únicos que não dependem da fortuna e podem ocupar o lugar dos outros. Eis toda a minha filosofia e, creio, toda a arte de ser feliz possível de ser praticada para o homem.

# Carta V

Toda a moralidade da vida humana está na intenção do homem. Se é verdade que o bem seja o bem, deve sê-lo no fundo dos nossos corações como nas nossas obras, e o primeiro preço da justiça é o de sentir que se a pratica. Se a bondade é conforme à nossa natureza, o homem não pode ser são ou bem constituído senão enquanto é bom. Se não o é, se o homem é naturalmente malvado, não pode deixar de sê-lo sem se corromper. A bondade seria nele tão-somente um vício contranatura; criado para ferir os seus semelhantes como o lobo despedaça a sua presa, um homem humano seria um animal tão depravado quanto um lobo piedoso, e só a virtude nos deixaria com remorsos.

Acreditaríeis que houvesse no mundo uma questão mais fácil de resolver? De que se trata apenas de voltar-se para si mesmo, de examinar, pondo de parte todo o interesse pessoal a que nos levam as nossas inclinações naturais? Que espetáculo nos lisonjeia mais, o dos tormentos ou da felicidade de outrem?; o que nos é mais doce de fazer e nos deixa uma impressão mais agradável após tê-lo feito, um ato de bondade ou um ato de maldade? Pelo que é que vos interessais nos vossos teatros: é pelos crimes hediondos que tomais prazer, é pelos seus autores punidos que verteis lágrimas?; entre o herói desgraçado e o tirano triunfante, de qual dos dois vos aproximam incessantemente os vossos ocultos desejos e quem de entre vós, se forçado a escolher, não gostaria mais ainda de ser o bom que sofre do que o malvado que prospera, tanto o horror de fazer mal prevalece em nós acima do de suportá-lo?

Assista-se na rua ou num caminho a algum ato de violência e de injustiça, logo um sentimento de cólera e de indignação se ergue do fundo do coração e somos impelidos a tomar a defesa do oprimido, mas um dever mais poderoso nos retém e as leis privam-nos do direito de proteger a inocência.

Ao contrário, se algum ato de clemência ou de generosidade atinge o nosso olhar, que admiração, que amor nos inspira. Quem não se diz a si mesmo: gostaria de ter feito o mesmo? As almas mais corrompidas não são capazes de perder completamente esta primeira tendência: o ladrão que rouba o transeunte cobre, contudo, a nudez do pobre, não há um feroz assassino que não ampare um homem que caia desfalecido, mesmo os traidores formando entre si conspirações apertam as próprias mãos, dão a sua palavra e respeitam a sua fé. Homem perverso, por muito que tentes, não vejo em ti senão um malvado inconsequente e inábil, pois que de nenhum modo a natureza te criou para seres assim.

Fala-se do grito dos remorsos que em segredo pune os crimes encobertos e os põe amiúde em evidência. Ai, quem de nós nunca conheceu essa voz importuna? Falamos por experiência e gostaríamos de apagar esse sentimento que nos dá tantos tormentos. Mas se obedecermos à natureza, comprovaremos a doçura com que ela aprova o que impôs e o encanto que encontra em saborear a paz interior de uma alma satisfeita consigo mesma. O malvado teme e foge, distrai-se lançando-se para fora de si, dirige o olhar inquieto para o que o rodeia e procura um objeto que o faça rir; sem a troça insultuosa estaria sempre triste; ao contrário, a serenidade do justo é interior; o seu riso não é de maldade mas de alegria, cuja fonte reside nele próprio. Sozinho está tão jovial quanto no meio de um círculo; e esse contentamento inalterável que nele se vê reinar não o tira daqueles que o cercam, transmite-o a eles.

Lançai o olhar sobre todas as nações do mundo, percorrei todas as histórias; entre tantos cultos desumanos e bizarros, entre essa prodigiosa diversidade de costumes e de caracteres, encontrareis por toda a parte as mesmas ideias de justiça e de honestidade, por toda a parte os mesmos princípios morais, as mesmas noções do bem e do mal. O antigo paganismo engendrou deuses abomináveis que teríamos punido aqui em baixo como celerados e que não ofereciam como retrato da felicidade suprema senão crimes hediondos a cometer e paixões a satisfazer. Mas o vício, revestido de uma autoridade sagrada, descendia em vão da morada eterna; a natureza expulsava-o do coração dos humanos. Celebrava-se a devassidão de Júpiter, mas admirava-se a temperança de Xenócrates, a casta Lucrécia adorava a impudica Vénus, o intrépido romano sacrificava ao medo, o grande Catão foi considerado mais justo que a providência; a imortal voz da virtude mais forte do que a dos próprios deuses fazia-se respeitar sobre a Terra e parecia relegar para o céu o crime juntamente com os culpados.

Existe, por conseguinte, no fundo de todas as almas, um princípio inato de justiça e verdade moral anterior a todos os preconceitos nacionais, a todas as máximas da educação. Este princípio é a regra involuntária sobre a qual, independentemente das nossas próprias máximas, julgamos as nossas ações e as de outrem como boas ou más, e é a este princípio que eu dou o nome de consciência.

Porém, com esta palavra, ouço elevar-se por todo o lado a voz dos filósofos, «erros da infância, preconceitos da educação», gritam todos em concerto. Nada há no entendimento humano além daquilo que aí se introduz pela experiência e não julgamos nada exceto ideias adquiridas. Fazem mais; ousam rejeitar este acordo evidente e universal de todas as nações, e contra essa espantosa uniformidade do juízo dos homens vão procurar nas trevas qualquer exemplo obscuro e apenas deles conhecido, como se todas as tendências da natureza estivessem aniquiladas pela depravação de alguns indivíduos e bastasse a existência de alguns monstros para que a espécie humana não fosse nada. Mas para que servirão ao cético Montaigne os tormentos que a si mesmo dá para desterrar, num qualquer canto do mundo, um costume oposto às noções da justiça? De que lhe serve dar ao mais desprezível e suspeito viajante uma autoridade que recusa aos escritores mais respeitáveis?; irão alguns usos incertos e bizarros, fundados sobre causas particulares que nos são desconhecidas, destruir a conclusão geral extraída da convergência de todos os povos opostos em tudo o resto e de acordo neste único ponto? Ó Montaigne, tu que te orgulhas de franqueza e verdade, sê sincero e verdadeiro, se um filósofo o pode ser, e diz-me se existe algum clima na Terra onde seja um crime conservar a sua fé, ser clemente, benfeitor e generoso; onde o homem de bem seja desprezado e o celerado honrado.

Não tenho a intenção de entrar aqui em discussões metafísicas que não levam a lado algum. Já vos disse que de modo algum desejo discutir com os filósofos, mas falar ao vosso coração; mesmo que todos os filósofos do mundo provassem que estou errado, se sentis que tenho razão, nada mais desejo. Para isso é tão-só necessário fazer-vos distinguir entre as nossas perceções adquiridas e os nossos sentimentos naturais; porque sentimos necessariamente antes de conhecer, e já que não aprendemos a querer o nosso bem pessoal e a fugir do nosso mal, mas obtemos essa vontade da natureza, do mesmo modo o amor do bem e o ódio do mal são-nos tão naturais quanto a própria existência; assim, embora as ideias nos venham de fora, os sentimentos que as avaliam estão dentro de nós e é apenas por seu intermédio que conhecemos a conveniência ou a inconveniência que existe entre nós e as coisas que devemos procurar ou evitar.

Existir para nós é sentir; e a nossa sensibilidade é incontestavelmente anterior à nossa própria razão. Seja qual for a causa da nossa existência, ela proveu à nossa conservação dando-nos sentimentos conformes à nossa natureza; e não se poderia negar que ao menos estes não sejam inatos. Estes sentimentos, no que ao indivíduo diz respeito, são o amor de si mesmo, o receio da dor e da morte e o desejo do bem-estar. Mas se, o que não se pode duvidar, o homem é um animal sociável por natureza, ou quando muito criado para o vir a ser, só o pode ser mediante outros sentimentos inatos relativos à sua espécie. E é do sistema moral formado por esta dupla relação a si mesmo e aos seus semelhantes que nasce o impulso natural da consciência.

Não penseis, por isso, ó Sophie, que fosse impossível explicar o princípio ativo da consciência por meio das consequências da nossa natureza, independentemente da própria razão. E quando isso fosse impossível, não seria ainda necessário. Com efeito, os filósofos que combatem este princípio não provam que não existe, mas contentam-se em afirmá-lo; quando nós afirmamos que existe, estamos assim tão avançados quanto eles e temos, além disso, toda a força do testemunho interior e a voz da consciência que depõe em sua própria defesa.

Minha querida amiga, quão de lamentar são esses tristes raciocinadores que, apagando em si mesmos os sentimentos da natureza, destroem a fonte de todos os prazeres, não sabendo livrar-se do peso da consciência a não ser tornando-se insensíveis. Não será um sistema muito desastrado aquele que não sabe fazer desaparecer o remorso da volúpia senão abafando um e outro ao mesmo tempo? Se a fé dos amantes é apenas uma quimera, se o pudor do sexo consiste em inúteis preconceitos, em que se tornarão todos os encantos do amor?; se já não vemos no universo senão matéria e movimento, onde estarão então os bens morais dos quais a nossa alma está sempre ávida, e qual será o valor da vida humana se a gozamos apenas para vegetar?

Volto a esse sentimento de ódio tão sedutor e tão doce de vencer, talvez ainda mais doce de respeitar, que combate e inflama os desejos de um amante e oferece ao seu coração tantos prazeres quantos os que recusa aos seus sentidos. Por que razão rejeitaríamos nós a vergonha interior que oculta com uma modéstia impenetrável os secretos desejos de uma menina pudica e cobre as suas faces com uma encantadora rubescência aos discursos de um amante amado? Quê!, então o ataque e a defesa não são leis da natureza? Não é ela que permite a resistência ao sexo que pode ceder tanto quanto lhe agrada? Não é ela que prescreve a perseguição àquele que cuida em tornar discreto e moderado? Não é ela que os coloca, durante os seus prazeres, à guarda da vergonha e do mistério, num estado de fraqueza e de olvido deles próprios que os abandona a todo o agressor? Sentis, pois, quão falso é que o pudor não tenha a sua razão suficiente e não seja senão uma quimera na natureza, e como seria ela obra dos preconceitos, se os próprios preconceitos da educação a destroem, se a vedes em toda a sua força nos povos ignorantes e rústicos e se, nas nações mais cultivadas, a sua doce voz se abafa apenas por intermédio dos sofismas do raciocínio?

Se os primeiros vislumbres do juízo nos encandeiam, e a princípio confundem todos os objetos do nosso olhar, esperemos que os nossos fracos olhos se reabram, se fortifiquem, e logo voltaremos a ver esses mesmos objetos sob as luzes da razão tal como no-los mostrava de início a natureza. Ou sejamos antes mais simples e menos vaidosos. Limitemo-nos em tudo aos primeiros sentimentos que encontramos em nós mesmos, pois que é sempre a eles que o estudo reconduz quando não nos desencaminhou.

Ó consciência, consciência, instinto divino, voz imortal e celeste, guia seguro de um ser ignorante e limitado, mas inteligente e livre, juiz infalível do bem e do mal, sublime emanação da substância eterna, que tornas o homem semelhante aos deuses; só tu constituis a excelência da minha natureza. Sem ti não sinto nada em mim que me erga acima das bestas, exceto o triste privilégio de me perder de erro em erro por meio de um entendimento sem regra e de uma razão sem princípio.

Dedicai-vos a fazer as coisas que amais ver fazer aos outros.

# Carta VI

Possuímos finalmente um guia seguro neste labirinto de erros humanos, mas não basta que exista, é preciso saber conhecê-lo e segui-lo. Se fala a todos os corações, ó Sophie, por que razão, pois, são tão poucos aqueles que o ouvem? Ai, fala-nos a língua da natureza que tudo nos levou a esquecer.

A consciência é tímida e receosa, busca a solidão, o mundo e o barulho assustam-na, os preconceitos, cuja obra se diz ser sua, são os seus mais mortais inimigos, foge ou cala-se diante deles, a sua voz ruidosa abafa a sua e impede-a de se fazer ouvir. Em resultado de ser dispensada, desanima por fim, já não nos fala, já não nos responde, e após um tão longo desprezo por ela, custa tanto relembrá-la quanto custou bani-la.

Quando vejo cada um de nós, incessantemente ocupado com a opinião pública, estender, por assim dizer, a sua existência inteiramente à sua volta sem dela quase nada reservar no seu próprio coração, creio ver um pequeno inseto formar com a sua substância uma grande rede, a única coisa que parece torná-lo sensível enquanto jaz como morto no seu buraco. A vaidade do homem é a teia de aranha que ele estende sobre tudo o que o rodeia. Uma é tão sólida quanto a outra, o menor fio que se toque põe o inseto em movimento, inseto que morreria de apatia se se deixasse a teia tranquila; e se com um dedo a desfazem, ele esgotar-se-á completamente de preferência a não a refazer imediatamente. Comecemos por tornar-nos nós próprios outra vez, por nos concentrarmos em nós mesmos, por circunscrever a nossa alma com os mesmos limites que a natureza deu ao nosso ser, comecemos, numa palavra, por nos voltarmos para onde nós estamos, para que, procurando conhecer-nos a nós próprios, tudo o que nos compõe venha ao mesmo tempo apresentar-se-nos. Para mim, penso que aquele que sabe melhor em que consiste o eu humano está mais próximo da sabedoria, e que, como o primeiro traço de um desejo se forma com as linhas que o delimitam, a primeira ideia do homem é a de o separar de tudo o que não é ele.

Mas como se faz esta separação? Esta arte não é tão difícil quanto se poderia acreditar, ou quando muito a dificuldade não está onde se crê; ela depende mais da vontade do que da inteligência, [e] não é preciso grandes estudos e investigações para o alcançar. A luz ilumina-nos, e o espelho está diante de nós; mas para o ver há que lançar o olhar, e o meio de o fixar aí consiste em afastar os objetos que nos desviam dele. Recolhei-vos, procurai a solidão, eis, antes de mais, todo o segredo, e por ele apenas logo se descobrem os vossos [segredos]. Pensais, na verdade, que a filosofia nos ensina a regressar a nós mesmos? Ah, debaixo do seu nome, quanto orgulho nos afasta disso! É tudo ao contrário, minha adorável amiga, é preciso começar por entrar em si mesmo para aprender a filosofar.

Não vos assustais, suplico-vos; não tenho a intenção de vos relegar para um mosteiro e impor a uma mulher do mundo uma vida de anacoreta. A solidão de que aqui se trata é menos a de fazer fechar a porta e de ficar no vosso apartamento do que a de tirar a vossa alma da prensa, como diz o abade Terrasson, e de primeiramente a encerrar às paixões externas que a assaltam a todo o instante. Mas um destes meios pode ajudar o outro, sobretudo no começo; não é assunto de um dia saber estar sozinho no meio da multidão e, após um tão longo hábito de existir em tudo o que vos rodeia, o recolhimento do vosso coração deve começar pelo dos vossos sentidos. A princípio ireis ter bastante trabalho para conter a vossa imaginação sem ser obrigada ainda a fechar os vossos olhos e os vossos ouvidos. Afastai os objetos que podem distrair-vos, até que a sua presença não vos distraia mais. Não vos digo, pois: deixai a sociedade; não vos digo mesmo: renunciai à dissipação e aos fúteis prazeres do mundo. Mas digo-vos: aprendei a estar só sem tédio. Sem nunca ouvirdes a voz da natureza, nunca vos conhecereis a vós mesma. Não receais que a prática destes curtos retiros vos torne taciturna e selvagem e vos aparta dos hábitos aos quais não quereis renunciar. Pelo contrário, serão sobretudo mais aprazíveis.

Quando se vive só, ama-se melhor os homens, um afetuoso interesse aproxima-nos deles. A imaginação mostra-nos a sociedade através dos seus encantos, e até o tédio da solidão resulta em proveito da Humanidade. Ganhareis duplamente com o gosto dessa vida contemplativa, [e] nela encontrareis mais apego pelo que vos é caro enquanto o tiverdes e menos dor ao perdê-lo quando dele fores privada.

Fazei todos os meses, por exemplo, um intervalo de dois ou três dias nos vossos prazeres e assuntos para o consagrar ao maior de todos. Estabelecei para vós uma lei de viver só nestes dois ou três dias, mesmo se primeiro deveis aborrecer-vos muito. Vale mais passá-los no campo do que em Paris; seria, se quiserdes, uma visita que faríeis: vós iríeis ver Sophie. A solidão é sempre triste na cidade. Como tudo o que nos rodeia mostra a mão dos homens e um qualquer objeto da sociedade, quando não se tem essa sociedade, sentimo-nos fora do lugar, e um quarto onde se está sozinho parece-se muito com uma prisão. Passa-se exatamente o contrário no campo, os objetos são aí alegres e agradáveis, incitam ao recolhimento e à fantasia; sentimo-nos aí ao ar livre, fora dos tristes muros da cidade e dos entraves do preconceito. Os bosques, riachos, a verdura afastam os olhares dos homens do seu coração, os pássaros volteiam aqui e ali conforme o seu capricho, oferecem-nos na solidão o exemplo da liberdade, ouve-se o seu canto, sente-se o odor dos prados e dos bosques. Os olhos fulminados unicamente pelas doces imagens da natureza aproximam-na mais do nosso coração.

É por aí, pois, que é preciso começar a conversar com ela e consultar as suas leis no seu próprio império. Pelo menos, o tédio não virá perseguir-vos tão cedo e será mais fácil de suportar durante a prática do passeio e pela variedade dos objetos campestres do que sentados num canapé ou numa poltrona. Gostaria que evitásseis escolher os momentos em que o vosso coração, vivamente afetado por algum sentimento de prazer ou de dor, se protegesse da emoção no retiro, em que a vossa imaginação, demasiado emocionada, vos aproximaria, contra a vossa vontade, dos seres dos quais acreditaríeis ter fugido, e em que o vosso espírito demasiado preocupado recusasse as ligeiras impressões dos primeiros retornos sobre si mesmo. Ao contrário, para que lamentes menos o ter ido para o campo só, tomai os momentos em que estaríeis condenada a aborrecer-vos na cidade; a vida mais cheia de ocupações ou divertimentos não deixa ainda senão demasiados vazios semelhantes, e esta maneira de preencher os primeiros que se apresentarão tornar-vos-á em breve insensível a todos os outros. Não peço que a princípio vos entregueis a meditações profundas, peço apenas que possais manter a vossa alma num estado de langor e de calma que a deixa fechar-se sobre si própria e que não traga de volta nada de alheio a vós.

«Neste estado – dir-me-eis – que farei eu?» Nada. Deixai trabalhar essa inquietude natural que, na solidão, não tarda em ocupar cada um consigo mesmo independentemente do que possa fazer a esse respeito.

Também não digo que este estado deve produzir uma prostração total e estou muito longe de crer que não tenhamos qualquer meio de despertar em nós o sentimento interior. Assim como um membro dormente se reaviva com fricções ligeiras, também a alma adormecida numa longa inação se reanima com o calor suave de um movimento moderado; é preciso excitá-la através de memórias agradáveis que respeitam apenas a ela, é preciso lembrar-lhe as afeções que a gratificam, não por intermédio dos sentidos, mas por um sentimento próprio e por prazeres intelectuais. Se existisse no mundo um ser miserável o suficiente para, ao longo da vida, não ter feito nada cuja memória pudesse dar-lhe um contentamento interior e bastante satisfação por ter vivido, não tendo esse ser senão sentimentos e ideias que o afastariam dele próprio, jamais teria condições de se conhecer a si mesmo; e na falta de saber em que consiste a bondade que convém à sua natureza, permaneceria necessariamente malvado e eternamente infeliz. Mas defendo que de modo algum há sobre a Terra um homem tão depravado que nunca tenha entregado o seu coração à tentação de agir bem; essa tentação é tão natural e tão doce que é impossível resistir-lhe para sempre, e basta ceder-lhe uma só vez para jamais esquecer a volúpia que se experimentou com ela. Ó querida Sophie, quantas ações da vossa vida vos seguirão na solidão para vos ensinar a amá-la. Pensai no coração que guardastes para a virtude, pensai em mim, amareis viver convosco mesma.

Estes são os meios de trabalhar no mundo para que sintais prazer na solidão, formando memórias agradáveis, procurando a vossa própria amizade e tornando-vos tão boa companhia para vós que dispensais qualquer outra. Mas o que para isso é necessário fazer exatamente, a esse respeito não chegou ainda o tempo de entrar aqui em detalhes que pressupõem os conhecimentos que nos propomos adquirir. Eu sei que não é preciso começar um tratado de moral pelo fim nem dar como primeiro preceito a prática do que se quer ensinar. Uma vez mais, no entanto, seja qual for o estado em que a alma se encontre, resta um sentimento de prazer em fazer bem que jamais se apaga e que serve de primeiro ponto de apoio a todas as outras virtudes, [e] é graças a este sentimento cultivado que se chega a amar-se e comprazer-se consigo mesmo. A prática da beneficência gratifica naturalmente o amor-próprio através de uma ideia de superioridade; recordamos todos os atos como testemunhos de que, além das próprias necessidades, ainda se possui a força para aliviar as de outros. Esta aparência de poder leva a que tomemos mais prazer em existir e a que coabitemos mais naturalmente connosco mesmos. Eis, antes de mais nada, tudo o que vos peço. Adornai-vos para que vos apresenteis diante do espelho; mais facilmente vos olhareis nele. Meditai sempre na maneira de dispor de um sentimento de bem-estar estando só, e, nos objetos dos vossos prazeres, dai sempre preferência àqueles de que se goza mesmo quando já não os possuímos.

Uma senhora de condição está demasiado rodeada pela sua classe; gostaria que em alguns momentos pudésseis renunciar à vossa; seria este ainda um meio de mais rapidamente vos manterdes convosco mesma. Quando fizerdes os vossos retiros, deixai todo o séquito da vossa casa; não leveis nem cozinheiro nem mordomo. Levai um lacaio e uma camareira. E isso ainda é demasiado; numa palavra, não leveis a vida da cidade para o campo; ide e apreciai verdadeiramente a vida isolada e campestre. Mas, e as comodidades? Ah, sempre essas fatais comodidades! Se quiserdes dar-lhes continuamente atenção, então não necessitais de nenhum outro guia; escolhei entre elas e a sabedoria. Deitai-vos cedo, levantai-vos de manhã, segui de perto a marcha do Sol e da natureza; sem toucador, sem leitura, tomai refeições simples às horas do povo, em suma, sede em tudo uma mulher do campo. Se este modo de vida se tornar agradável, conhecereis um prazer mais; se vos entediar, retomareis com um maior gosto aquele ao qual estais acostumada.

Fazei ainda melhor. Destes breves intervalos que desejais passar a viver na solidão, usai uma parte deles para tornar a outra agradável. Tereis longas manhãs livres das vossas ocupações quotidianas; destinai-as a caminhadas pela aldeia. Informai-vos das doenças, dos pobres, dos oprimidos, procurai dar a cada um a assistência de que precisa, e não penseis que é suficiente acudi-los com o vosso dinheiro se não lhes ofereceis o vosso tempo e os auxiliais com os vossos cuidados. Imponde-vos essa função tão nobre de fazer com que existam alguns males a menos na Terra, e, se as vossas intenções forem puras e reais, logo encontrareis maneira de as cumprir. A princípio, mil obstáculos, bem sei, vos irão distrair de tal cuidado. Casas imundas, gente bruta, objetos de miséria começarão por vos desgostar. Mas ao entrar na casa destes desgraçados, dizei para vós: sou sua irmã, e a humanidade triunfará da repugnância. Vereis que são mentirosos, interesseiros, cheios de vícios que afastarão o vosso zelo, mas interrogai-vos intimamente dos vossos para logo aprenderdes a perdoar os dos outros, e considerai que, cobrindo-os de uma aparência honesta, a educação não os torna senão mais perigosos. Sobretudo o tédio, esse tirano dos indivíduos da vossa condição, que lhes faz pagar tão caro a dispensa do trabalho e do qual se tornam sempre mais vítimas quanto mais se esforçam por evitá-lo; só o tédio vos desviará a princípio destas salutares ocupações, e ao torná-las insuportáveis fornecerá pretextos para vos dispensar delas. Considerai que ter prazer em fazer o bem é a recompensa de ter feito bem, e que não se a obtém antes de a ter merecido. Não há nada mais amável do que a virtude, mas ela só se mostra assim àqueles que a possuem; quando se quer agarrá-la, é como o Proteu da fábula: assume primeiro mil formas aterradoras e só se mostra na sua forma verdadeira apenas aos que não a largaram. Resisti, pois, aos sofismas do tédio. De modo algum aparteis de vós objetos criados para vos comover; detestai essa piedade cruel que desvia o olhar dos males dos outros para se dispensar de os aliviar. Não entregueis estes assuntos honrados nas mãos de mercenários. Estai certa de que os domésticos sempre tomam para si parte das mercês dos senhores; de que eles sabem apropriar-se de uma forma ou de outra do que se lhes dá para as mãos, e de que exigem um reconhecimento muito oneroso de tudo o que o senhor fez gratuitamente. Assumi como um dever o de levar a toda a parte, junto com uma assistência real, o interesse e as consolações que a valorizam e que amiúde tomam o seu lugar. Que jamais as vossas visitas sejam em vão! Que cada um vibre de alegria à vossa chegada, que as bênçãos públicas vos acompanhem sempre. Em breve um tão doce cortejo encantará a vossa alma, e nos novos prazeres que aprendeis a apreciar, se alguma vez perderdes o bem que acreditastes ter feito, não perdereis pelo menos aquele que tereis extraído dele.

# POEMA SOBRE O DESASTRE DE LISBOA EM 1755, OU EXAME DO AXIOMA *TUDO ESTÁ BEM*, DE VOLTAIRE

Março, 1756

# Prefácio

Se houve momento em que a questão do mal físico mereceu a atenção de todos os homens, foi nesses eventos funestos que nos convidam à contemplação da nossa frágil natureza, como as pestes gerais que eliminaram um quarto dos homens no mundo conhecido, o terramoto que engoliu quatrocentas mil pessoas na China em 1699, o de Lima e de Collao, e por último o de Portugal e do reino de Fez. O axioma *tudo está bem* parece um pouco estranho àquelas que são testemunhas destes desastres. Tudo está ordenado, tudo é ordenado, sem dúvida, pela Providência; mas é demasiado óbvio que tudo, desde há muito, não está ordenado para o nosso bem-estar presente.

Quando o ilustre Pope escreveu o seu *Ensaio sobre o Homem*, e quando desenvolveu, nos seus versos imortais, os sistemas de Leibniz, do lorde Shaftesbury e do lorde Bolingbroke, uma multidão de teólogos de todas as confissões atacou esse sistema. Revoltavam-se contra este novo axioma de que *tudo está bem*, de que *o homem frui da felicidade na medida exata de que o seu ser é suscetível*, etc. Existe sempre um sentido a partir do qual se pode condenar um texto, e um sentido a partir do qual se pode aprová-lo. Seria muito mais razoável não prestar atenção senão às belezas úteis de uma obra, e não procurar nela um sentido odioso; mas uma das imperfeições da nossa natureza consiste em interpretar maliciosamente tudo o que pode ser interpretado, e em querer desacreditar tudo o que teve sucesso.

Acreditou-se, pois, ver nesta proposição, *tudo está bem*, a ruína do fundamento das ideias feitas. «Se tudo está bem – dizia-se –, é então falso que a natureza humana tenha caído. Se a ordem geral exige que tudo seja como é, então a natureza humana não foi corrompida; não teve, portanto, necessidade de redentor. Se este mundo, tal como é, é o melhor dos mundos possíveis, então não se pode esperar um futuro mais feliz. Se todos os males que nos oprimem são um bem geral, então todas as nações civilizadas erraram ao procurar a origem do mal físico e do mal moral. Se um homem devorado por animais ferozes contribui para o bem-estar desses animais e contribui para a ordem do mundo, se as desgraças de todos os indivíduos são apenas a consequência dessa ordem geral e necessária, então não somos senão rodas que servem ao funcionamento da máquina; não somos mais preciosos aos olhos de Deus do que os animais que nos devoram.»

Eis as conclusões que se extraíam do poema de Pope; e estas mesmas conclusões aumentavam também a celebridade e o sucesso da obra. Mas devia-se considerá-la sob um outro aspeto: seria necessário o respeito pela Divindade, a resignação que se deve às suas ordens supremas, a sã moral, a tolerância, que são a alma desse excelente texto. Foi o que fez o público; e a obra, tendo sido traduzida por homens dignos de a traduzir, triunfou tanto mais das críticas quanto elas revolviam sobre matérias mais delicadas.

É próprio das censuras violentas credibilizar as opiniões que atacam. Brada-se contra um livro porque teve êxito, imputamos-lhe erros: o que acontece? Os homens, revoltados contra esses brados, assumem como verdades os próprios erros que esses críticos julgaram distinguir. A censura cria fantasmas para os combater, e os leitores indignados abraçam esses fantasmas. Os críticos disseram: «Leibniz, Pope ensinam o fatalismo»; e os partidários de Leibniz e de Pope disseram: «Se Leibniz e Pope ensinam o fatalismo, então tinham razão, e é nessa fatalidade invencível que é preciso crer.»

Pope tinha dito *tudo está bem* num sentido muito aceitável; e hoje dizem-no num sentido que pode ser combatido.

O autor do poema sobre o desastre de Lisboa de modo algum combate o ilustre Pope, que sempre admirou e amou: pensa como ele sobre quase todos os pontos; mas, atravessado pelas desgraças dos homens, ergue-se contra os abusos que se podem fazer deste antigo axioma, *tudo está bem*. Adota essa triste e antiga verdade reconhecida de todos os homens, de que *o mal existe na Terra*; reconhece que a expressão *tudo está bem*, tomada num sentido absoluto e sem a esperança de um futuro, não é senão um insulto às dores da nossa vida.

Quando Lisboa, Meknès, Tetuão e tantas outras cidades foram engolidas com um tão grande número dos seus habitantes no mês de novembro de 1755, se os filósofos tivessem proclamado aos infelizes que mal escapavam das ruínas *tudo está bem*; *os herdeiros dos mortos aumentarão as suas fortunas*; *os pedreiros ganharão dinheiro para reconstruir as casas*; *os animais alimentar-se-ão dos cadáveres enterrados nos destroços*: *é o efeito necessário de causas necessárias; o vosso mal particular não é nada, contribuireis para o bem geral*, um tal discurso teria sido certamente tão cruel quanto o terramoto funesto. É isto que diz o autor do poema sobre o desastre de Lisboa.

Ele reconhece, por conseguinte, como toda a gente, que o mal existe na Terra, assim como o bem; reconhece que jamais filósofo algum pôde explicar a origem do mal moral e do mal físico; reconhece que Bayle, o maior dialético que alguma vez escreveu, não fez outra coisa senão aprender a duvidar, e que se combate a si mesmo; reconhece que existe tanta fraqueza na inteligência humana quanto misérias na sua vida. Expõe todos os sistemas em poucas palavras. Diz que só a revelação pode desatar esse grande nó que todos os filósofos enredaram; diz que a esperança de um desenvolvimento do nosso ser, numa nova ordem das coisas, pode apenas consolar as desgraças atuais, e que a bondade da Providência é o único asilo ao qual o homem pode recorrer nas trevas da sua razão e nas calamidades da sua frágil e mortal natureza.

*P.S.* Infelizmente é sempre necessário advertir que se deve distinguir as críticas que um autor faz a si próprio das suas respostas às objeções, e não tomar o que refuta pelo que adota.

VOLTAIRE

Ó infelizes mortais! Ó terra deplorável!
De todos os mortais assembleia abominável!
De dores inúteis sois o eterno sustento!
Filósofos ilusos que gritais: «Tudo está bem»;
Acorrei, contemplai essas ruínas terríveis, esses escombros,
[farrapos, cinzas danadas,
Essas mulheres e filhos uns sobre os outros amontoados,
Seus membros esparsos sobre mármores quebrados;
Cem mil desgraçados que a terra devorou,
Que, sangrentos, despedaçados e palpitantes ainda,
Soterrados, sem socorro terminam
Os seus lamentáveis dias num horror tormentoso!
Aos gritos silentes das suas vozes expirantes,
Ao espetáculo desolador das suas cinzas fumegantes,
Direis vós: «É efeito das leis eternas
Que de um Deus livre e bom não necessitam de escolha»?
Direis vós, vendo esse aglomerado de vítimas:
«Deus foi vingado; a sua morte é o preço pelos seus
[crimes»?
Que crime, que pecado cometeram essas crianças
No seio de sua mãe esmagados e sangrentos?
Lisboa, que já não existe, terá ela mais vícios
Que Londres, que Paris, mergulhadas em prazeres?
Lisboa está devastada, e dança-se em Paris.

Vós, espectadores tranquilos, espíritos intrépidos,
Contemplando o naufrágio de vossos irmãos moribundos,
Buscais em paz as causas das trovoadas.
Mas se da sorte imiga sentis os golpes,
Mais humanos vos tornais e, como nós, chorais.
Crede-me, quando a terra entreabre os seus abismos,
A minha queixa é inocente e os meus brados legítimos.
Cercados por todos os lados pelas cruezas do destino,
Pela fúria dos malvados, pelos ardis da morte,
Provando os choques de todos os elementos,
Companheiros dos nossos males, consenti que nos [lamentemos.
É o orgulho, dizeis, o orgulho sedicioso,
Que julga que estando mal, podíamos estar melhor.
Ide interrogar as margens do Tejo;
Vasculhai nos escombros dessa sangrenta margem;
Perguntai aos moribundos, habitados de medo,
Se é o orgulho que clama «Ó céu, socorro!
Ó céu, tende piedade da humanidade miserável!»
Tudo está bem, dizes, e tudo é necessário.
Quê! O universo inteiro, sem este inferno abismal,
Sem engolir Lisboa, poderia ter sido ainda pior?
Estais seguros de que a eterna causa
Que tudo faz e tudo sabe, que tudo para ela criou,
Não nos lançaria nestes tristes climas
Sem gerar vulcões vivos sob os nossos pés?
Limitareis assim a Omnipotência?
Proibi-la-ás assim de exercer a sua clemência?
Não terá o eterno artesão prestes nas suas mãos
Meios infindos para os seus desígnios?
Desejo humildemente, sem ofender o meu senhor,
Que este abismo ardente de enxofre e salitre
Alumiado tivesse os seus fogos nos confins do deserto.
Respeito o meu Deus, mas amo o universo.
Quando o homem geme por um flagelo tão terrível,
Não é por orgulho, ai de mim, é por ser sensível.

Os tristes habitantes dessas regiões devastadas
No horror dos tormentos seriam consolados
Se alguém lhes dissesse: «Caí, morrei em paz;
Para felicidade do mundo destruíram os vossos asilos;
Outras mãos erguerão os vossos palácios abrasados,
Outros povos nascerão dentro de vossos muros tombados;
O Norte enriquecerá com as vossas perdas fatais;
Todos os vossos males são um bem segundo as leis gerais;
Deus olha-vos como aos vermes desprezíveis
Que vos vitimarão nos vossos túmulos.»
Que cruel discurso a desgraçados!
Às minhas dores, cruéis, não junteis a afronta.

Não, não deis a ver ao meu coração perturbado
Essas imutáveis leis da necessidade,
Essa cadeia de corpos, de espíritos e de mundos.
Ó sonho dos eruditos! Ó quimeras profundas!
Deus tem na mão a cadeia e não é encadeado(*);
Por sua escolha benfazeja tudo está determinado;
Ele é livre, é justo, não é implacável.

---

(*) A cadeia universal não é, como já se disse, uma gradação ordenada que liga todos os seres. Existe possivelmente uma distância imensa entre o homem e a besta, entre o homem e as substâncias superiores; existe o infinito entre Deus e todas as substâncias. Os globos que rolam em torno do nosso Sol não têm essas gradações invisíveis nem no seu volume nem nas suas distâncias nem nos seus satélites.

Pope afirma que não se pode saber porque as luas de Júpiter são mais pequenas do que Júpiter; mas engana-se; é um erro desculpável que pode ter escapado ao seu belo génio. Não há matemático que não tenha feito ver ao lorde Bolingbroke e ao senhor Pope que, se Júpiter fosse mais pequeno do que os seus satélites, eles não poderiam girar em torno dele; mas não há matemático que possa descobrir uma gradação ordenada nos corpos do sistema solar.

Não é verdade que se retirássemos um átomo do mundo, o mundo não subsistiria; e foi isso que o senhor de Crousaz, geómetra erudito,

---

muito bem assinalou no seu livro contra o senhor Pope. Aparentemente, tinha razão neste ponto, embora noutros tivesse sido implacavelmente refutado por Warburton e Silhouette.

Esta cadeia de eventos foi admitida e muito habilmente defendida pelo grande filósofo Leibniz; ela merece ser esclarecida. Todos os corpos, todos os eventos dependem de outros corpos e de outros eventos. Isso é verdade; mas nem todos os corpos são necessários à ordem e conservação do universo, e nem todos os eventos são essenciais à série dos eventos. Uma gota de água, um grão de areia a mais ou a menos nada alteram à composição geral. A natureza não está sujeita nem a uma quantidade precisa, nem a uma forma precisa. Nenhum planeta se move numa curva absolutamente regular; nenhum ser conhecido tem uma representação perfeitamente matemática; nenhuma operação exige uma quantidade exata: a natureza nunca age rigorosamente. Assim, não há nenhuma razão para garantir que um átomo a menos na Terra pudesse ser a causa da destruição da Terra.

O mesmo para os eventos: cada um tem a sua causa no evento que o precede; é uma coisa da qual nenhum filósofo alguma vez duvidou. Se não tivesse sido feita a cesariana à mãe de César, César não teria destruído a República, não teria adotado Octávio, e Octávio não teria deixado o Império a Tibério. Maximiliano casou com a herdeira da Borgonha e dos Países Baixos, e este casamento tornou-se a causa de duzentos anos de guerra. Mas que César tenha cuspido para a direita ou para a esquerda, que a herdeira da Borgonha tenha arranjado o cabelo desta ou daquela maneira, tal coisa não mudou certamente o sistema geral.

Existem, por conseguinte, eventos que têm efeitos e outros que não têm. A sua cadeia é como uma árvore genealógica; veem-se ramos que se estendem até à primeira geração e outros que continuam a linhagem. Muitos eventos ficam sem filiação. É por isso que em todos os mecanismos existem efeitos necessários ao movimento e outros efeitos indiferentes, que são consequência dos primeiros e que não produzem nada. As rodas de um coche servem para a sua marcha; mas que elas levantem um pouco mais ou menos de pó, a viagem faz-se da mesma maneira. Em suma, é esta a ordem geral do mundo, que os elos da cadeia não se quebrariam por um pouco mais ou menos de matéria, por um pouco mais ou menos de irregularidade.

Porque sofremos então às mãos de um senhor imparcial? (*)
Eis o nó fatal que temos de desatar.
Curareis vós os nossos males ousando negá-los?
Todos os povos, tremendo sob uma mão divina,
Do Mal que negais procuraram a origem.
Se a Eterna Lei que move os elementos
Faz cair os rochedos pela força dos ventos,
Se os frondosos carvalhos se abrasam com o raio do trovão,
Não sentem os golpes que os mandam ao chão;
Mas eu vejo, eu sinto, o meu coração opresso
Exige auxílio ao Deus que o criou.

Filhos do Todo-Poderoso, mas nascidos na miséria,
Estendamos as mãos para o nosso pai comum.
O vaso, sabemo-lo bem, não diz ao oleiro:
«Porque sou tão vil, tão frágil e tão grosseiro?» (**)

---

A cadeia não existe num pleno absoluto; está demonstrado que os corpos celestes fazem as suas revoluções no espaço não-resistente. Nem todo o espaço está preenchido. Não há, por isso, uma série de corpos desde o átomo até à mais remota das estrelas; assim, pode haver intervalos imensos entre os seres visíveis como entre os invisíveis. Não é possível, portanto, garantir que o homem esteja necessariamente colocado num dos elos ligados entre si numa série ininterrupta. *Tudo está encadeado* não significa outra coisa senão que tudo está ordenado. Deus é a causa e senhor desta ordem. O Júpiter de Homero era escravo dos destinos; mas, segundo uma filosofia mais depurada, Deus é o senhor dos destinos. Veja-se Clarke, *Traité de l'existence de Dieu.*

(*) «*Sub Deo justo nemo miser nisi mereatur*», Santo Agostinho. [*A Cidade de Deus,* XX, I: «Sob um Deus justo ninguém é miserável se não o merecer».] *(N. do T.)*

(**) Referência à passagem da Carta aos Romanos, 9, 20-21: «Quem és tu, homem, para entrares em contestação com Deus? Dirá, porventura, o que é moldado àquele que o molda: "Porque me fizeste assim?" Ou não tem o oleiro poder sobre o barro para, da mesma massa, tanto fazer um vaso de luxo como um de uso vulgar?» Tradução portuguesa: *Bíblia Sagrada,* 5.ª edição (Difusora Bíblica/Franciscanos Capuchinhos: Lisboa/Fátima, 2008). *(N. do T.)*

Não tem o dom da palavra, não tem o pensamento;
Essa urna que ao formar-se cai e se despedaça,
Da mão do oleiro não recebe um coração
Que desejasse os bens e sentisse a sua desgraça.
«Essa desgraça, dizeis, é o bem de um outro ser.»
Do meu corpo sangrento mil insetos vão viver;
Quando a morte põe fim aos males que sofri,
Que belo consolo ser comido pelos bichos!
Tristes calculadores das misérias humanas,
Não me consoleis, que as penas me azedais;
Em vós não vejo senão o esforço impotente
De um orgulhoso infortunado que finge ser contente.
Não sou do grande *todo* senão uma frágil parte;
Sim; mas os animais condenados à vida,
Todos os seres que sentem, nascidos sob a mesma lei,
Vivem na dor e morrem como eu.
O abutre, implacável para a sua pobre vítima,
Dos seus membros sangrando come alegremente;
Tudo parece bem para ele, mas de súbito
Uma águia de bico cortante devora o abutre;
O homem com um chumbo mortal atinge essa águia [altaneira:
Nos campos de Marte tal homem jaz sobre a poeira,
Sangrando de golpes cravado sobre uma massa de [moribundos,
Serve de alimento hediondo às aves devoradoras.
Assim do mundo inteiro todos os membros sofrem,
Todos nascidos para os tormentos, uns por outros morrem.
E vós comporeis neste caos fatal
Dos infortúnios de cada ser uma felicidade geral!
Que felicidade! Ó mortal, fraco e miserável,
Gritais: «Tudo está bem», com uma voz lamentável;
O universo vos desmente, e vosso próprio coração
Cem vezes do vosso espírito vos dá a refutação.
Elementos, animais, humanos, tudo está em guerra.

É preciso confessá-lo, o *Mal* existe na Terra:
O seu secreto princípio nos é desconhecido.
Do autor de todo o bem o Mal terá saído?
O bárbaro Arimane(*), o negro Tifão(**),
A sofrer a sua lei tirânica nos condenarão?
O meu espírito não admite esses monstros odiosos
Que o mundo tremendo converteu outrora em deuses.

Mas como conceber um Deus, a própria bondade,
Que aos filhos que ama seus bens dispensou,
E que mãos cheias de males sobre eles derramou?
Que olhar penetrará nos seus profundos desígnios?
Do Ser todo perfeito o Mal não podia nascer;
Não é de outro(***) que vem, pois só Deus é o senhor;
No entanto, ele existe. Ó tristes verdades!
Ó mistura espantosa de contrariedades!
Um Deus veio consolar a raça aflita;
Visitou a terra e nada a mudou!(****)
Um sofista arrogante diz-nos que não pôde;
«Podia, diz outro, mas não quis:
Irá decerto querer»; e, enquanto se cogita,
Fogos subterrâneos engolem Lisboa,
E de trinta cidades as cinzas se espalham,
Das margens sangrentas do Tejo ao mar de Cádis.
Ou o homem nasceu culpado, e Deus puniu a sua linhagem,
Ou o senhor absoluto do ser e do espaço,
Sem cólera, sem piedade, tranquilo, indiferente,
Dos seus primeiros decretos segue a eterna torrente;

---

(*) Princípio do mal para os persas.

(**) Princípio do mal para os egípcios.

(***) Ou seja, de outro princípio.

(****) Um filósofo inglês defendeu que o mundo físico deve ter mudado no primeiro advento, como o mundo moral.

Ou a matéria informe, ao seu senhor rebelde,
Traz em si defeitos *necessários* como ela;
Ou Deus nos põe à prova, e esta morada mortal(*)
Não passa de uma estreita passagem para um mundo
[eterno.
Sofremos aqui dores passageiras:
A morte é um bem que põe fim às nossas misérias.
Mas quando sairmos dessa terrível passagem,
Quem julgará merecer a felicidade?

Tome-se o partido que se tomar, há que tremer.
Nada se conhece, tudo se receia.
A Natureza é muda, é em vão que a interrogamos;
Precisamos de um Deus que fale ao género humano.
Só a Ele cabe explicar a Sua obra,
Consolar o fraco e iluminar o sábio.
Abandonado sem Ele, o homem, na dúvida, no erro,
Procura em vão caniços que lhe sirvam de apoio.
Leibniz não me ensina por que nós invisíveis,
No mais bem ordenado dos mundos possíveis,
Uma desordem eterna, um caos de desgraças,
Mescla os nossos vãos prazeres de dores reais,
Ou porque o inocente, como o culpado,
Sofre igualmente esse Mal inevitável.
Já não posso conceber como tudo estaria bem:
Sou como um doutor; infelizmente, não sei nada.

Platão disse que noutro tempo o homem tinha asas,
Um corpo impenetrável às maleitas mortais;
A dor, a morte não se aproximavam dele.

---

(*) Eis, juntamente com a opinião dos dois princípios, todas as soluções que se apresentam ao espírito humano nesta grande dificuldade, e só a revelação pode ensinar o que o espírito humano não conseguiria compreender.

Quão longe estamos desse tempo glorioso!
Rasteja, sofre, morre; tudo o que nasce, expira;
Na destruição a natureza impera.
Um frágil composto de nervos e ossos
Não pode escapar ao choque dos elementos;
Essa mistura de sangue, líquidos e pó,
Uma vez reunida, logo se dissolve;
E o sentir imediato desses nervos delicados
Submeteu-se às dores, ministras da morte:
É isso que me ensina a voz da Natureza.
Abandono Platão, rejeito Epicuro,
Bayle sabe mais do que todos; vou consultá-lo:
De balança na mão, Bayle ensina a duvidar(*),

---

(*) Uma centena de comentários dispersos no *Dicionário* de Bayle rendeu-lhe uma reputação imortal. Deixou a querela sobre a *origem do mal* por decidir. Nele, todas as opiniões são expostas; todas as razões que as sustentam, todas as razões que as comprometem são igualmente aprofundadas; é o advogado geral dos filósofos, mas nunca avança as suas conclusões. É como Cícero, que amiúde, nas suas obras filosóficas, conserva o seu carácter de académico indeciso, como notou o erudito e sensato abade d'Olivet.

Creio ter o dever de acalmar aqueles que se enfurecem há alguns anos com tanta violência e tão inutilmente contra Bayle; cometo um erro em dizer inutilmente, pois acabam por estimular a sua leitura com mais avidez. Deviam aprender com ele a pensar e a ser moderados. De resto, nunca o filósofo Bayle negou a Providência ou a imortalidade da alma. Traduzimos Cícero, comentamo-lo, educamos os príncipes com ele; mas, entre tantas coisas admiráveis, o que encontramos nós em quase todas as páginas de Cícero? Encontramos que «se existe uma Providência, ela é culpada por ter dado aos homens uma inteligência sabendo que a iam utilizar mal». «*Sic vestra ista Providentia reprehendenda, quae rationem dederit iis quos scierit ea perverse et improbe usuros*» (*De Natura deorum*, Liv. III, cap. XXXI).

«Nunca ninguém acreditou que a virtude viesse dos deuses, e com razão.» «*Virtutem autem nemo unquam Deo retulit; nimirum recte*» (*Ibid.*, cap. XXXVI).

Demasiado sábio, demasiado grande para não ter sistema,
A todos destruiu, e a si mesmo combateu:
Como o cego(*) aprisionado pelos filisteus,
Que morreu debaixo das pedras que tombou com as
[próprias mãos.

Pode então o espírito aceder ao mais vasto horizonte?
Não; o livro da sorte fecha-se ao nosso olhar.
O homem, estranho a si, do homem é ignorado.
Quem sou, onde estou, para onde vou e de onde saí?(**)

---

«Quando um criminoso morre impune, dizeis que os deuses o castigarão na sua posteridade. Será que uma cidade toleraria um legislador que condenasse os netos pelos crimes do avô?» «*Ferretne ulla civitas latorem istiusmodi legis ut condemnaretur filius aut nepos, si pater aut avus deliquisset?*» (*Ibid.*, cap. XXXVIII).

E o que é mais estranho é que Cícero acaba o seu livro *Da Natureza dos Deuses* sem refutar essas afirmações. Nas suas *Tusculanas*, defende numa centena de lugares a mortalidade da alma depois de ter defendido a sua imortalidade.

E ainda há mais; é a todo o senado de Roma que diz, na sua defesa de Cluêncio: «Que mal lhe fez a morte? Rejeitamos todas as fábulas ineptas dos infernos; a morte privou-o de quê, senão do sentimento das dores?» «*Quid também illi Mali mors attulit? Nisi forte ineptiis ac fabulis ducimur; ut existimemus illum apud inferos imporum supplicia perferre... quae si falsa sunt, id quod omnes intelligut, quid ei tandem aliud mors eripuit, praeter sensum doloris?*» (*Ibid.*, cap. LXI).

Por fim, na sua correspondência, na qual fala o coração, não diz ele: «*Si non erro, sensu omnino carebo*» «Quando já não existir, todo o sentimento cessará comigo»? (*Ep. Fam.*, Liv. VI, ep. III).

Bayle nunca disse nada parecido. No entanto, Cícero é posto nas mãos da juventude, e enfurecemo-nos contra Bayle: porquê? Porque os homens são inconsequentes, porque são injustos.

(*) Referência a Sansão e ao episódio da sua morte. Ver Jz, 16, 21-31. *(N. do T.)*

(**) É óbvio que o homem, por si mesmo, não pode saber todas estas coisas. O espírito humano não adquire nenhuma noção a não ser pela experiência; e nenhuma experiência pode ensinar-nos o que havia antes

Átomos atormentados sobre este monte de lama,
Que a morte engoliu e cuja sorte se joga,
Mas átomos pensantes, átomos cujos olhos,
Guiados pelo pensamento, mediram os céus;
Para o seio do infinito lançamos o nosso ser,
Sem um instante podermos ver-nos e conhecer-nos a nós
[próprios.
Este mundo, este teatro de orgulho e de erro,
Está cheio de desafortunados que falam de felicidade.
Todos se queixam, todos se lamentam buscando o
[bem-estar;
Ninguém quer morrer, ninguém renascer.(*)
Às vezes, nos dias consagrados às dores,
Pela mão do prazer enxugamos as nossas lágrimas;
Mas o prazer evapora-se, e passa como uma sombra;
Os nossos sofrimentos, remorsos, perdas, não têm conta.
Para nós, o passado resume-se a uma triste recordação;
O presente aterra, se o futuro não existir,
Se a noite do túmulo destrói o ser que pensa.

---

da nossa existência, nem o que haverá depois, nem o que anima a nossa existência presente. Como recebemos a nossa vida? Que força a conserva? Como é que o nosso cérebro tem ideias e memória? Como é que os nossos membros obedecem imediatamente à nossa vontade? Etc. Não sabemos nada a este respeito. Será este o único planeta habitado? Foi criado depois dos outros planetas ou no mesmo instante? Cada género de plantas virá, ou não, de uma primeira planta? Cada género de animais é gerado, ou não, por dois animais primevos? Os maiores filósofos não sabem mais a este respeito do que o mais ignorante dos homens. É preciso relembrar esse dito popular: «O que nasceu primeiro, o ovo ou a galinha?» O dito é vulgar, mas embaraça a mais elevada sapiência, que nada sabe acerca dos primeiros princípios das coisas sem o auxílio do sobrenatural.

(*) Não é fácil encontrar uma pessoa que queira recomeçar a vida que viveu e voltar a passar pelos mesmos acontecimentos.

*Um dia tudo estará bem*, eis a nossa esperança;
*Tudo está bem hoje*, eis a ilusão.
Os sábios enganaram-me, e só Deus tem razão.
Humilde nos meus lamentos, submetido ao meu sofrimento,
Não me ergo contra a Providência.
Foi num tom menos lúgubre que me viram outrora
Cantar dos doces prazeres as sedutoras leis.
Outros tempos, outros costumes: instruído pela velhice,
Partilhando a fraqueza com os humanos perdidos,
Procurando na espessa noite iluminar-me,
Apenas sei sofrer, e não murmurar.

Um dia, um califa, na sua hora final,
Uma só prece dirigiu ao Deus que adorava:
«Ofereço-te, rei único e ser infinito,
Tudo o que não possuis na tua imensidão,
Os defeitos, remorsos, males e ignorância.»
Mas podia acrescentar ainda A ESPERANÇA.(*)

VOLTAIRE

---

(*) A maioria dos homens teve esta esperança, antes mesmo de ter recorrido ao auxílio da revelação. A esperança de existir após a morte funda-se no amor ao ser que sentimos em vida; funda-se na probabilidade de que aquele que pensa continuará a pensar. Não há qualquer demonstração, porque uma coisa demonstrada é uma coisa cujo contrário é uma contradição e porque nunca houve disputas sobre verdades demonstradas. Lucrécio, para destruir essa esperança, avança, no seu terceiro livro, argumentos cuja força aflige; mas limita-se a opor verosimilhanças a verosimilhanças mais fortes. Muitos romanos pensavam como Lucrécio; e cantava-se no teatro de Roma: «*Post mortem nihil est*» («Não há nada depois da morte»). Mas o instinto, a razão, a necessidade de ser consolado, o bem da sociedade prevaleceram, e os homens tiveram sempre esperança de uma vida futura; esperança que é, na verdade, muitas vezes acompanhada de dúvida. A revelação destrói a dúvida e coloca a certeza no seu lugar.

# Carta de Rousseau ao Senhor de Voltaire

18 de agosto de 1756

Os vossos últimos poemas(*), caro senhor, chegaram-me na minha solidão; e embora todos os meus amigos conheçam o amor que tenho pelos vossos escritos, não sei de que parte estes me puderam chegar, senão da vossa. Acredito assim dever agradecer-vos ao mesmo tempo o exemplar e a obra. Encontrei neles o prazer como a instrução, e reconheci a mão do mestre. Não vos direi que tudo me parece igualmente bom, mas as coisas que me desagradam apenas me inspiram mais confiança naquelas que me arrebatam; não é sem dificuldade que, de vez em quando, defendo a minha razão contra os encantos da vossa poesia, mas é para prestar a minha admiração mais digna das vossas obras que me esforço por nem tudo admirar nelas.

(*) «Sobre a Lei Natural» e o «Desastre de Lisboa». *(N. do T.)*

Farei mais, caro senhor; dir-vos-ei diretamente, não as belezas que julguei sentir nestes dois poemas – a tarefa aterraria a minha preguiça –, nem mesmo as falhas que indivíduos mais hábeis do que eu porventura indicarão, mas os desprazeres que perturbam neste instante o gosto que tomava nas vossas lições; e dir-vos-ei comovido ainda por uma primeira leitura em que o meu coração escutava avidamente o vosso, amando-vos como meu irmão, honrando-vos como meu mestre, vangloriando-me enfim de que reconhecereis nas minhas intenções a franqueza de uma alma reta e nos meus discursos o tom de um amigo da verdade que fala a um filósofo. Além disso, mais o vosso segundo poema me fascina, mais livremente tomo partido contra o primeiro, porquanto se não tendes receio de vos opor a vós mesmos, porque hesitarei eu ser da vossa opinião? Devo acreditar que não levais muito em conta sentimentos que refutais tão bem.

Todas as minhas críticas são, por conseguinte, contra o vosso poema sobre o desastre de Lisboa, porque esperava nele efeitos mais dignos da humanidade que parece ter-vos inspirado. Censurais Pope e Leibniz por terem insultado os nossos males defendendo que tudo está bem, e encheis de tal modo o quadro com as nossas misérias que acabais por agravar o que sentimos por elas: em lugar das consolações que esperava, não fazeis outra coisa que não afligir-me; dir-se-ia que receais que não veja suficientemente o quão desgraçado sou, e acreditareis, parece, tranquilizar-me muito provando-me que tudo está mal.

Não vos iludis, caro senhor, acontece exatamente o contrário do que vos propondes. Esse otimismo que considerais tão cruel consola-me todavia dessas mesmas dores que me descreveis como insuportáveis. O poema de Pope dulcifica os meus males e conduz-me à paciência; o vosso agrava as minhas penas, incita-me ao lamento, e recusando-me tudo, salvo uma esperança desacreditada, reduz-me ao desespero.

Nesta estranha oposição que reina entre o que provais e o que sinto, acalmai a perplexidade que me agita e dizei-me quem se engana, o sentimento ou a razão. «Homem, tende paciência, dizem-me Pope e Leibniz, os males são um efeito necessário da natureza e da constituição deste universo. O Ser eterno e benfeitor que te governa teria querido conservar-to: de todas as economias possíveis escolheu aquela que reunia o menor mal e maior bem, ou, se for preciso, para dizer a mesma coisa ainda mais cruamente, se não fez melhor, foi porque não conseguiu.»

Que me diz agora o vosso poema? «Sofre para sempre, desgraçado. Se existe um Deus que te tenha criado, sem dúvida Ele é omnipotente; Ele podia acautelar todos os teus males; não esperes, pois, que alguma vez acabem; na verdade, não se sabe para que existes, se não for para sofrer e morrer.» Não sei o que uma tal doutrina pode ter de mais consolador do que o otimismo e a própria fatalidade. Para mim, confesso que me parece mais cruel ainda do que o maniqueísmo. Se o embaraço da origem do Mal vos forçava a alterar alguma das perfeições de Deus, porquê querer justificar o Seu poder às custas da Sua bondade? Se é preciso escolher entre dois erros, prefiro ao menos o primeiro.

Não desejais, caro senhor, que se considere a vossa obra como um poema contra a Providência; quanto a mim, abstenho-me mesmo de lhe dar esse nome, embora tenhais designado de livro contra o género humano um texto(*) onde defendia a causa do género humano contra ele próprio. Eu sei a distinção que é necessário fazer entre as intenções de um autor e as consequências que se pode extrair da sua doutrina. A legítima defesa de mim mesmo obriga-me apenas a fazer-vos observar que, ao descrever as misérias humanas, o meu objetivo era, ao que creio,

(*) Referência ao *Discurso sobre a Origem e os Fundamentos da Desigualdade entre os Homens. (N. do T.)*

desculpável e até louvável. Com efeito, eu mostrava aos homens como criavam os seus próprios males e, por conseguinte, como os podiam evitar.

Não vejo que se possa procurar a causa do mal moral noutro lado que não no homem livre, aperfeiçoado, e por isso corrompido; e quanto aos males físicos, se a matéria sensível e impassível é uma contradição, como me parece, são inevitáveis em todo o sistema de que o homem faz parte, e então a questão não é por que razão o homem não é perfeitamente feliz, mas porque existe. Além disso, creio ter mostrado que exceto a morte, que quase não é um mal senão pelos preparativos com que a antecipamos, a maior parte dos nossos males físicos são também de nossa criação. Sem abandonar o vosso tema acerca de Lisboa, convenhai, por exemplo, que a Natureza de modo algum reunira aí vinte mil habitações de seis e sete andares e que se os habitantes dessa grande cidade tivessem sido dispersos mais equitativamente e mais sobriamente alojados, o estrago teria sido muito menor e porventura nulo. Tudo teria fugido ao primeiro abalo, e tê-los-íamos visto no dia seguinte a vinte léguas de distância tão alegres como se nada tivesse acontecido. Mas há que permanecer, persistir em torno das ruínas, expor-se a novos abalos, porque o que se deixa vale mais do que aquilo que se pode ganhar. Quantos desgraçados pereceram neste desastre para desejar apanhar, um as suas roupas, outro os seus papéis, outro o seu dinheiro? Não sabemos nós que a pessoa de cada homem se tornou a menor parte de si mesmo e que quase não vale a pena salvá-la quando se perdeu tudo o resto?

Teríeis desejado (e quem não o teria desejado?) que o terramoto tivesse ocorrido no meio de um deserto e não em Lisboa.(*) Teremos dúvidas de que se forma igualmente

(*) Versos 53-54 do *Poema*.

nos desertos? Mas de modo algum se fala nisso, porque não trazem nenhum mal aos senhores das cidades, os únicos homens que temos em conta. Fazem pouco mesmo aos animais e selvagens que habitam dispersos esses lugares remotos, e que não temem nem a queda dos telhados nem o incêndio das habitações. Mas que significaria um semelhante privilégio? Será que significaria que a ordem do mundo se deve alterar segundo os nossos caprichos, que a natureza deve estar submetida às nossas leis, e que, para a impedir de provocar um terramoto num qualquer lugar, não teríamos senão de construir aí uma cidade?

Existem muitas vezes eventos que nos espantam mais ou menos consoante as faces pelas quais os consideramos e que, quando os examinamos de perto, perdem muito do horror que inspiram à primeira vista. Aprendi em *Zadig*(*), e a Natureza confirmou-mo a cada dia, que uma morte acelerada nem sempre é um mal real, e que pode, por vezes, passar por um bem relativo. De tantos homens esmagados sob os escombros de Lisboa, muitos sem dúvida evitaram males maiores, e não obstante o que uma tal descrição tem de tocante e fornece à poesia, não é certo que um só desses desafortunados tenha sofrido mais do que se, segundo a ordem natural das coisas, tivesse esperado, em longas angústias, a morte que o veio surpreender. Será esse um fim mais triste do que o de um moribundo que se cumula de cuidados inúteis, que os notários e herdeiros não deixam respirar, que os médicos à sua vontade assassinam no seu leito e a quem os bárbaros sacerdotes, com arte, fazem saborear a morte? Quanto a mim, vejo por todo o lado que os males aos quais a Natureza nos sujeita são menos cruéis do que aqueles que nós lhe juntamos.

No entanto, por muito engenhosos que possamos ser a estimular as nossas misérias à força de belas instituições,

---

(*) Rousseau faz referência ao conto de Voltaire *Zadig*.

não fomos ainda capazes de nos aperfeiçoarmos ao ponto de tornar a vida em geral num pesado fardo e de preferir o nada à nossa existência – de outro modo, o desencorajamento e o desespero depressa se apoderariam do maior número e o género humano não teria sido capaz de subsistir por muito tempo. Ora, se é melhor para nós ser do que não ser, isto bastaria para justificar a nossa existência, mesmo que não tivéssemos qualquer compensação pelos males que temos de sofrer, e que esses males fossem tão grandes quanto os descreveis. Porém, sobre este ponto, é difícil de encontrar boa-fé nos homens e bons raciocínios nos filósofos; porque estes, na comparação entre bens e males, esquecem sempre o doce sentimento da existência, independente de qualquer outra sensação, incitando os outros a caluniar a vida em prol do orgulhoso desprezo da morte; quase como mulheres que, com um vestido manchado e uma tesoura, asseguram preferir buracos a manchas.

Pensais, com Erasmo, que poucos desejariam renascer nas mesmas condições em que viveram; mas aquele que com um preço elevado avalia a sua mercadoria, em muito o baixa se alguma esperança houver em concluir o negócio. De resto, quem devo eu crer que tenhais consultado sobre este assunto? Os ricos, talvez; saciados de prazeres ilusórios, mas ignorantes dos reais; sempre entediados da vida e sempre receosos de a perder. Talvez os homens de letras, de todas as classes a mais sedentária, a mais malsã, a mais reflexiva e, por conseguinte, a mais infeliz. Quereis encontrar homens de melhor constituição ou, pelo menos, geralmente mais sinceros, e que formando o maior número devem, ao menos para isso, ser escutados preferencialmente? Consultai um burguês honesto que terá vivido uma vida obscura e tranquila, sem projetos e sem ambição; um bom artesão que vive comodamente da sua profissão; mesmo um camponês, não de França, onde se pensa que é preciso matá-los de miséria para que outros possam viver, mas do país, por exemplo, onde habitais, e em geral de qualquer país livre. Ouso afirmar, de facto, que não há porventura no alto Valais um só montanhês descontente com a sua vida quase mecânica e que não aceitasse de bom grado renascer incessantemente para assim vegetar perpetuamente, mesmo em lugar do Paraíso que espera e que lhe é devido. Estas diferenças levam-me a crer que é muitas vezes o abuso que fazemos da vida que a torna pesada para nós, e tenho pior opinião daqueles que se zangam por ter vivido do que aquele que pode dizer com Catão: *Nec me vixisse poenitet, quoniam ita vixi, ut frustra me natum non existimem*(*). Tal não impede que o sábio não possa por vezes desistir voluntariamente, sem qualquer lamento e desespero, quando a natureza ou a fortuna lhe ordenam, muito claramente, que morra. Contudo, de acordo com a ordem natural das coisas, a vida humana, independentemente dos males semeados, ainda não é um mau presente, e se morrer nem sempre é um mal, só muito raramente o é viver.

As nossas diferentes maneiras de pensar sobre todos estes tópicos mostram-me a razão para muitas das vossas provas serem pouco conclusivas para mim; porque eu não ignoro o quanto a razão humana assume mais facilmente a forma da opinião do que a da verdade, e que entre dois homens de opiniões contrárias, o que um crê demonstrado não passa amiúde de um sofisma para o outro. Quando atacais, por exemplo, a cadeia dos seres tão bem descrita por Pope, afirmais que não é verdade que, se se retirasse um átomo do mundo, o mundo cessaria de existir. Neste ponto citais Crousaz(**), e em seguida acrescentais que a natureza

(*) Cícero, *Da Velhice*, XXIII, 84, «Não lamento ter vivido, porque vivi de tal forma que penso não ter nascido em vão.» *(N. do T.)*

(**) Jean-Pierre de Crousaz (1663-1750) publicou duas obras contra Pope: *Examen de l'Essai de M. Pope sur l'homme* e *Commentaire sur la*

não está sujeita a nenhuma medida ou forma precisa. Que nenhum planeta se move numa curva absolutamente regular, que nenhum ser conhecido é uma figura perfeitamente matemática, que nenhuma quantidade precisa é requerida para uma operação, que a Natureza nunca age com rigor. Que, por conseguinte, não há qualquer razão que garanta que um átomo a menos na Terra seria a causa da destruição do planeta. Admito, caro senhor, que a este respeito afeta-me mais a força da afirmação do que a do argumento, e que neste caso cedo com mais confiança à vossa autoridade do que às vossas provas.

A respeito de Crousaz, nada li do seu texto contra Pope e talvez não esteja em condição de entendê-lo; mas o que é mais certo é que não lhe concedo aquilo em que vos terei criticado, ao mesmo tempo que possuo pouca fé nas suas provas como na sua autoridade. Longe de pensar que a Natureza não está sujeita à precisão das quantidades e das figuras, acreditava, pelo contrário, que só ela segue rigorosamente essa precisão, porquanto só ela sabe comparar exatamente os fins e os meios e avaliar a força da resistência. Quanto a essas supostas irregularidades, podemos nós duvidar de que nem todas tenham a sua causa física, e bastará não percebê-la para negar a sua existência? Estas aparentes irregularidades resultam, sem dúvida, de algumas leis que ignoramos e cuja natureza segue tão fielmente aquelas que conhecemos; ou de um qualquer agente que não identificamos e cuja interferência ou contributo em todas as suas operações tem quantidades fixas. Caso contrário, seria necessário dizer claramente que há ações sem princípios e efeitos sem causa, o que horroriza qualquer filosofia.

---

*traduction en vers, de M. l'Abbé Du Resnel, de L'Essai de M. Pope sur l'homme. (N. do T.)*

Suponhamos dois pesos em equilíbrio e, contudo, desiguais; acrescente-se ao mais leve a quantidade pela qual diferem; ou os pesos se manteriam ainda em equilíbrio e teremos uma causa sem efeito, ou o equilíbrio se romperá e teremos um efeito sem causa. Mas se os pesos fossem de ferro, e se houvesse um íman oculto sob um deles, a precisão da Natureza negar-lhe-ia a aparência de precisão, e quanto mais exatidão aparentasse, mais exatidão lhe pareceria faltar. Não há uma figura, uma operação, uma lei no mundo físico à qual não se possa aplicar um exemplo semelhante àquele que acabo de apontar sobre o peso.

Dizeis que nenhum ser conhecido é uma figura perfeitamente matemática; pergunto-vos, caro senhor, se há alguma figura que não o seja, e se a curva mais bizarra não é tão regular aos olhos da Natureza quanto um círculo perfeito aos nossos. Imagino, de resto, que se algum corpo pudesse ter essa aparente regularidade, esse não seria senão o próprio universo, supondo-o cheio e limitado. Porque as figuras matemáticas, na medida em que são apenas abstrações, só correspondem a si mesmas, ao passo que todas as figuras dos corpos naturais são relativas a outros corpos e aos movimentos que as modificam; logo, isso nada provaria ainda contra a precisão da Natureza, ainda que estivéssemos de acordo sobre o que entendeis pelo termo *precisão*.

Distinguis entre os eventos que têm efeitos dos que não os têm; duvido da solidez dessa distinção. Todo o evento me parece produzir necessariamente algum efeito, ou moral, ou físico, ou um composto de ambos, mas que nem sempre se percebe, já que a sequência dos eventos é ainda mais difícil de seguir do que a dos homens. Como não devemos, em geral, procurar efeitos mais consideráveis do que os eventos que os produzem, a pequenez das causas torna muitas vezes o exame ridículo, embora os efeitos sejam certos, e amiúde efeitos quase impercetíveis também se juntem para produzir um evento considerável. Somai a isto que tal efeito não deixe de se produzir, ainda que aja fora do corpo que o produziu. Por conseguinte, talvez a poeira levantada por uma carruagem nada possa fazer à marcha da viatura e influir sobre a do mundo; mas como nada há de alheio ao universo, tudo o que aí se faz age necessariamente sobre o próprio universo. Destarte, caro senhor, os vossos exemplos parecem-me mais engenhosos do que convincentes. Vejo mil razões plausíveis para o facto de não ser talvez indiferente à Europa que um certo dia o herdeiro da Borgonha fosse mal ou bem penteado, ou ao destino de Roma que César olhasse para a direita ou para a esquerda e cuspisse para um lado ou para o outro a caminho do Senado no dia em que foi morto. Numa palavra, recordando o grão de areia citado por Pascal(*), sou, em alguns aspetos, da opinião do vosso Bramine, e seja qual for o modo como se olhe as coisas, se nem todos os eventos possuem efeitos percetíveis, julgo ser incontestável que todos os possuem realmente – dos quais o espírito humano facilmente perde o encadeamento –, embora jamais sejam confundidos pela natureza.

Afirmais que está demonstrado que os corpos celestes fazem a sua revolução no espaço não resistente; era seguramente uma bela coisa a demonstrar; no entanto, segundo o

---

(*) Referência ao fragmento §632 (da edição Le Guern; §710 da edição Brunschvicg) dos *Pensamentos*, «Que desordem do juízo que faz com que não haja ninguém que não se ponha acima de todo o resto do mundo, e que não ame mais o seu próprio bem e a duração da sua felicidade e da sua vida do que a de todo o resto do mundo!

Cromwell ia devastar toda a cristandade; a família real estava perdida, e a dele ia ter poder para sempre, se um pequeno grão de areia se não tivesse introduzido no seu uréter. A própria Roma ia tremer sob ele. Mas tendo essa pequena pedra aparecido, Cromwell morreu, a sua família decaiu, ficou-se em paz, e o rei foi reposto. (...)» [Edição portuguesa: *Pensamentos*, tradução de Miguel Serras Pereira (Lisboa: Relógio d'Água, 2019), §632.] *(N. do T.)*

hábito dos ignorantes, tenho muito pouca fé nas demonstrações que estão para lá do meu alcance. Imaginaria que para a formular quase se teria de raciocinar deste modo: tal força agindo segundo tal lei deve dar aos astros tal movimento num meio não resistente; ora, os astros têm o movimento exatamente calculado, logo não há resistência. Não obstante, quem poderá saber se não existem porventura um milhão de outras leis possíveis, sem contar com a verdadeira, segundo as quais os mesmos movimentos se explicariam ainda melhor por um fluido do que por um vácuo? O horror do vácuo não terá explicado há muito a maior parte dos efeitos que desde então se atribuíram à ação do ar? De seguida, não se terá visto tudo cheio quando outras experiências destruíram o horror do vácuo? Não se restabeleceu o vácuo sobre novos cálculos? Quem nos afiançará que um sistema ainda mais exato não o destruirá outra vez? Deixemos as inúmeras dificuldades que um físico talvez formasse sobre a natureza da luz e dos espaços iluminados; mas credes de boa-fé que Bayle, cuja sabedoria e moderação em matéria de opinião convosco admiro, teria achado a vossa opinião assim tão demonstrada? Em geral, penso que os céticos se esquecem um pouco rapidamente que assumem o tom dogmático e que deveriam usar mais sobriamente que ninguém o termo *demonstrar*. Que forma de se ser crido quando nos vangloriamos de nada saber, afirmando tantas coisas!

De resto, corrigistes muito justamente o sistema de Pope, observando que não há nenhuma gradação proporcional entre as criaturas e o Criador, e que se a cadeia dos seres criados finda em Deus, é porque Ele a contém e não porque Ele a conclui.

Sobre o bem do todo, preferível ao da sua parte, fazeis dizer ao homem: «Devo ser tão querido ao meu senhor, eu, ser pensante e senciente, quanto os planetas que provavelmente não sentem.» Não há dúvida de que esse universo material não deve ser mais querido ao seu autor do que um só ser que pensa e sente; mas o sistema desse universo que produz, conserva e perpetua todos os seres pensantes e sencientes deve ser-lhe mais querido que um só desses seres; ele pode, pois, apesar da sua bondade, ou antes, pela sua própria bondade, sacrificar alguma coisa da felicidade dos indivíduos à conservação do todo. Creio, espero, valer mais aos olhos de Deus do que a terra de um planeta, mas se os planetas são habitados, como é provável, porque valeria eu mais aos seus olhos que todos os habitantes de Saturno? Por mais que ridicularizemos estas ideias, é certo que todas as analogias favorecem a população de Saturno e que só o orgulho humano se mostra contra ela. Ora, assumida essa população, a conservação do universo parece assumir como o próprio Deus uma moralidade que se multiplica pelo número dos mundos habitados.

Que o cadáver de um homem alimente os vermes, os lobos ou as plantas, tal não é, reconheço, uma compensação pela morte do homem; mas, se no sistema deste universo, é necessário à conservação do género humano que exista uma circulação de substância entre homens, animais e vegetais, então o mal particular de um indivíduo contribui para o bem geral; morro, sou alimento para os vermes, mas os meus filhos, os meus irmãos viverão como eu vivi, comerão os produtos da terra que o meu cadáver adubará, e farei, segundo a ordem da natureza, e por todos os homens, o que Codro, Cúrcio, os Décios, os Filenos e mil outros fizeram voluntariamente por um pequeno número de homens.

Para voltar, caro senhor, ao sistema que atacais, julgo que não se pode examiná-lo convenientemente sem distinguir com cuidado o mal particular, cuja existência nunca foi negada por filósofo algum, do mal geral, que recusa o otimismo. Não se trata de saber se cada um de nós sofre ou não, mas se é bom que o universo exista, e se os nossos males são inevitáveis na sua constituição. Assim, a adição de um artigo tornaria, ao que parece, a proposição mais exata, e em lugar de *tudo está bem*, talvez valesse mais dizer, o *todo está bem*, ou *tudo está bem para o todo*. Ora, é muitíssimo evidente que nenhum homem conseguiria dar provas diretas nem a favor nem contra, visto que essas provas dependem de um conhecimento perfeito da constituição do mundo e da finalidade do seu autor e esse conhecimento está incontestavelmente além da inteligência humana. Os verdadeiros princípios do otimismo não se podem extrair nem das propriedades da matéria, nem da mecânica do universo, mas tão-só por indução das perfeições de Deus que a tudo preside: de modo que não se prova a existência de Deus pelo sistema de Pope, mas o sistema de Pope pela existência de Deus, e é seguramente da questão da Providência que deriva a da origem do mal. Se estas duas questões não foram mais bem tratadas foi porque se pensou sempre erradamente acerca da Providência, porque aquilo que de absurdo se disse sobre ela confundiu fortemente todos os corolários que se podiam extrair desse grande e consolador dogma.

Os primeiros que corromperam a causa de Deus foram os padres e os devotos, que não consentem que nada se faça segundo a ordem estabelecida, mas fazem sempre intervir a justiça divina em eventos puramente naturais, e para se assegurarem do que dizem punem e castigam os malvados, aprovam e recompensam os bons indiferentemente com os bens e males conforme a ocorrência. Não sei, quanto a mim, se é uma boa teologia, mas julgo que é um mau modo de argumentar o de estabelecer indiferentemente as provas da Providência sobre os prós e os contras, e de lhe atribuir indiscriminadamente tudo o que ocorreria igualmente sem ela.

Os filósofos, por sua vez, não me parecem mais razoáveis, quando os vejo atribuírem ao Céu as culpas por aquilo que os atinge, clamar que tudo está perdido quando têm uma dor de dentes, ou ficam pobres, ou quando são roubados, e encarregarem Deus, como diz Séneca(*), da guarda da sua bolsa. Se algum acidente trágico tivesse feito perecer Cartouche ou César na sua infância, teríamos dito: que crime cometeram eles? Estes dois malfeitores viveram, e nós dizemos: porque os deixaram viver? Ao contrário, um devoto dirá, no primeiro caso, que Deus queria punir o pai tirando-lhe o filho, e que, no segundo, Deus salvava o filho para castigo do seu povo. Assim, fosse qual fosse o partido que a Natureza tomava, a Providência tem sempre razão junto dos devotos e nenhuma junto dos filósofos. É possível que na ordem das coisas humanas ela tenha ou não razão, porque tudo depende da lei comum e ninguém está isento. É de crer que os eventos particulares nada são aos olhos do senhor do universo, que a sua Providência é tão-só universal, que se contenta em conservar os géneros e as espécies e em presidir ao todo sem se inquietar com a forma como cada indivíduo vive a sua curta vida. Um rei sábio que deseja que todos vivam felizes nos seus Estados terá necessidade de se informar se os cafés são bons? Certa noite, o frequentador queixa-se, quando são maus, e vive o resto dos seus dias com uma impaciência igualmente deslocada. *Commorandi enim natura diversorium nobis, non habitandi dedit*(**).

Para pensar retamente a este respeito, parece que as coisas deveriam ser consideradas relativamente na ordem física e absolutamente na ordem moral; de modo que a maior ideia que posso dar-me da Providência é a de que cada ser material esteja disposto o melhor possível em relação ao todo e cada ser inteligente e sensível o melhor que é possível em relação a si mesmo; significa isto que,

---

(*) Séneca, *De providentia*, VI, I. *(N. do T.)*

(**) Cícero, *Da Velhice*, XXIII, «A natureza quis que fôssemos transeuntes nesta terra, e não residentes.» *(N. do T.)*

para quem sente a sua existência, mais vale existir do que não existir. No entanto, há que aplicar esta regra à duração total de cada ser sensível e não a algum instante particular da sua duração como a vida humana, o que mostra quanto a questão da Providência diz respeito à da imortalidade da alma, na qual tenho a felicidade de acreditar, sem ignorar que a razão pode duvidar dela, e à da eternidade das penas, que nem vós, nem eu, nem homem algum, pensando bem de Deus, alguma vez acreditará.

Se reconduzir estas diferentes questões ao seu princípio comum, parece-me que todas se relacionam com a questão da existência de Deus. Se Deus existe, Ele é perfeito; se Ele é perfeito, é sábio, poderoso e justo; se Ele é sábio e poderoso, tudo está bem; se Ele é justo e poderoso, a minha alma é imortal; se a minha alma é imortal, trinta anos de vida nada são para mim e são talvez necessários à conservação do universo. Se me é concedida a primeira proposição, as seguintes nunca se irão refutar; se a negam, não é preciso discutir acerca das suas consequências.

Não estamos, um e outro, neste último caso. Estou muito longe, pelo menos, de poder supor algo de semelhante da vossa parte ao ler o conjunto das vossas obras, das quais a maior parte me oferece as melhores ideias, as mais agradáveis, as mais consoladoras da divindade; e prefiro muito mais um cristão como vós do que um da Sorbonne.

Por mim, confesso-vos ingenuamente que nem os prós nem os contras me parecem demonstrados acerca deste ponto unicamente pelas luzes da razão, e que se o teísta funda o seu sentimento apenas sobre possibilidades, o ainda menos rigoroso ateu não me parece fundar o seu senão sobre possibilidades contrárias. Mais, as objeções de um lado e doutro são sempre insolúveis, porquanto versam sobre coisas das quais os homens não possuem uma só ideia verdadeira. Admito tudo isso, e no entanto creio em Deus tão fortemente quanto creio numa outra verdade, porque crer e não crer são as coisas que menos dependem de mim, porque o estado de dúvida é um estado demasiado violento para a minha alma; porque quando a minha razão hesita, a minha fé não pode permanecer muito tempo em suspenso e determina-se sem ela; porque, enfim, outras mil coisas de que gosto mais me atraem do lado mais consolador e juntam o peso da esperança ao equilíbrio da razão.

Recordo-me de que aquilo que mais fortemente me impressionou em toda a minha vida sobre a ordem fortuita do universo foi o vigésimo primeiro pensamento filosófico(*), onde se mostra, mediante as leis da análise das probabilidades, que quando a quantidade dos lances é infinita, a dificuldade do acontecimento é mais do que suficientemente compensada pela multidão dos lançamentos, e que, por conseguinte, o espírito deve espantar-se mais com a duração hipotética do caos do que com o efetivo nascimento do universo. Foi, partindo do princípio de que o movimento é necessário, o que de mais convincente se disse, na minha opinião, acerca deste debate; e, quanto a mim, declaro que desconheço a menor resposta que o senso comum possua, verdadeira ou falsa, que não a de negar como falso aquilo que não se pode saber, que o movimento seja essencial para a matéria. Por outro lado, desconheço se alguma vez se explicou, por meio do materialismo, a geração dos corpos organizados e a perpetuação dos germes; mas há esta diferença entre estas duas posições opostas, que, embora uma e outra me pareçam igualmente convincentes, só a última me persuade. Quanto à primeira, dizerem-me que a *Henriade* foi escrita por uma disposição fortuita de caracteres, nego-o sem hesitar; é mais possível à sorte provocá-la do que ao meu espírito crer nisso, e sinto que há um ponto em que as impossibilidades morais

---

(*) Referência aos *Pensamentos Filosóficos* de Diderot, tradução portuguesa de Miguel Serras Pereira (Lisboa: Edições 70, 2013). *(N. do T.)*

equivalem para mim a uma certeza física. Por muito que me falem da eternidade dos tempos, de modo algum a percorri; da infinidade dos lançamentos, eu não os contei; e a minha incredulidade, por muito pequena que se queira, triunfará, neste caso, da própria demonstração. Não impeço que se não chame *preconceito* ao que sobre isso designo como *prova de sentimento*; e de modo algum dou essa obstinação de crente como um modelo; porém, com uma boa-fé porventura sem exemplo, considero-a como uma disposição invencível da minha alma, que ninguém jamais poderá superar, da qual até agora nunca me lamentei, e que não se pode atacar sem crueldade.

Eis, pois, uma verdade de que ambos partimos, com o auxílio da qual sentis quão fácil é defender o otimismo e justificar a Providência, e não é a vós que cabe repetir os argumentos rebatidos mas sólidos que foram, a este respeito, tantas vezes invocados. Em relação aos filósofos que não concordam com o princípio, não há que discutir com eles a propósito destas matérias, porquanto aquilo que é para nós apenas uma prova de sentimento, não se pode tornar para eles uma demonstração, e porque não é razoável dizer-se a um homem «deveis crer isto porque eu o creio». Eles, por seu turno, não deverão discutir mais connosco sobre estas matérias, já que elas não passam de corolários da proposição principal que um adversário honesto dificilmente ousa opor-lhes, e que, por sua vez, errariam em exigir que se lhes provasse o corolário independentemente da proposição que lhe serve de base. Penso que não o farão ainda por uma outra razão, porque há desumanidade em perturbar as almas tranquilas e em angustiar os homens para nada, quando o que se quer ensinar-lhes não é certo nem útil. Penso, numa palavra, que seguindo o vosso exemplo, não se deve atacar demasiado fortemente a superstição que agita a sociedade, nem respeitar demasiado a religião que a suporta.

Não obstante, estou, como vós, indignado pelo facto de a fé de cada um não se dar na mais perfeita liberdade, e que o homem ouse controlar o íntimo das consciências onde não poderia penetrar; como se dependesse de nós crer ou não nas matérias em que a demonstração não se dá, e a razão ser alguma vez submetida à autoridade. Os reis deste mundo, terão eles então algum domínio no outro? E estarão eles no direito de atormentar os seus súbditos aqui em baixo para os forçar a entrar no Paraíso? Não, todo o governo humano limita-se, pela sua natureza, aos deveres civis; e independentemente do que disse o sofista Hobbes, quando um homem serve bem o Estado, a maneira como serve Deus só a ele diz respeito.(*)

Ignoro se este Ser justo não punirá um dia toda a tirania exercida em Seu nome; estou bem seguro, pelo menos, de que não a compartilhará e não recusará a felicidade eterna a nenhum incrédulo virtuoso e de boa-fé. Posso eu, sem ofender a Sua bondade e mesmo a Sua justiça, duvidar de que um coração reto não redime um erro involuntário, e que costumes irrepreensíveis não valham bem mil cultos bizarros prescritos pelos homens e rejeitados pela razão? Direi mais: se pudesse escolher entre comprar as obras às custas da minha fé e compensar, graças à minha virtude, a minha pretensa incredulidade, não hesitaria um instante; e preferiria dizer a Deus *Fiz, sem pensar em Ti, o bem que Te é*

---

(*) Rousseau parece referir-se aqui ao capítulo XXI do *Leviatã*: «Também há um culto *público* e um culto *privado*. Público é o culto que um Estado realiza como pessoa. Privado é aquele que é feito por um particular. O público, no que se refere a todo o Estado, é livre, mas no que se refere aos particulares não o é. O culto privado é secretamente livre, mas perante a multidão nunca existe sem algumas restrições, quer por parte das leis, quer por partes das opiniões dos homens, o que é contrário à natureza da liberdade.» [Edição portuguesa: *Leviatã*, tradução de João Paulo Monteiro e Maria Beatriz Nizza da Silva, 3.ª ed. (Lisboa: Imprensa Nacional-Casa da Moeda, 2002), p. 283.] *(N. do T.)*

*agradável, e o meu coração seguiu a Tua vontade sem a conhecer* do que dizer-lhe, como necessário será que o faça um dia *Adorei-Te, e não cessei de Te ofender; conheci-Te e nada fiz para Te agradar.*

Existe, reconheço, uma espécie de profissão de fé que as leis podem impor. Mas excetuando os princípios da moral e do direito natural, ela deve ser puramente negativa, na medida em que podem existir religiões que atacam os fundamentos da sociedade e porque é preciso começar por exterminar essas religiões para garantir a paz do Estado. Desses dogmas a proscrever, a intolerância é, sem dificuldade, o mais odioso; mas é preciso considerá-la na sua origem, pois que os fanáticos mais sanguinários mudam de linguagem de acordo com a fortuna e não pregam paciência e brandura senão quando não são os mais fortes. Chamo, assim, intolerante por princípio a todo aquele que imagina que não se pode ser homem de bem sem crer em tudo aquilo em que crê, condenando impiedosamente aqueles que não pensam como ele. De facto, os fiéis raramente estão na disposição de deixar os réprobos em paz neste mundo, e um santo que acredita viver com os danados antecipa de bom grado o trabalho do Diabo. Quanto aos incrédulos intolerantes que gostariam de forçar o povo a nada crer, não os baniria menos severamente do que àqueles que o querem forçar a crer em tudo o que lhes agrada.

Gostaria, assim, que em cada Estado existisse um código moral, ou uma espécie de profissão de fé civil, que contivesse positivamente as máximas sociais que todos seriam obrigados a assumir, e negativamente as máximas intolerantes que se deveria rejeitar, não como ímpias, mas como sediciosas. Deste modo, seria permitida toda a religião que pudesse acordar-se com o código; toda a religião que não se harmonizasse com ele seria proscrita; e todos seriam livres de não possuir outra [religião] que não o próprio código. Esta obra, redigida com cuidado, seria, parece-me, o mais útil livro alguma vez escrito e talvez o único necessário aos homens. Este é, caro senhor, um tema para vós; desejaria ardentemente que ambicionásseis empreender esta obra e embelezá-la com a vossa poesia, a fim de que todos, aprendendo-a com facilidade, carregassem desde a infância, no seu coração, esses sentimentos de brandura e humanidade que brilham nos vossos escritos e que sempre faltaram aos devotos. Exorto-vos a refletir neste projeto que deverá agradar pelo menos à vossa alma. Destes-nos com o vosso *Poema sobre a Religião Natural* o catecismo do homem; dai-nos agora naquele que vos proponho: o catecismo do cidadão. É uma matéria para meditar longamente e a reservar possivelmente para a derradeira das vossas obras, para que termineis, com um benefício ao género humano, a mais brilhante carreira empreendida por um homem de letras.

Não posso impedir-me, caro senhor, de notar a este respeito uma oposição bem singular entre vós e eu no que toca ao tema desta carta. Coberto de glória e sem ilusões de grandezas vãs, viveis livre no seio da abundância; bem seguro da vossa imortalidade, filosofais pacificamente sobre a natureza da alma; e se o corpo ou o coração sofre, tendes Tronchin como médico e amigo; vedes, contudo, apenas mal sobre a Terra. E eu, homem obscuro, pobre e atormentado por um mal sem remédio, medito com prazer no meu retiro e vejo que tudo está bem. Donde resultam estas aparentes contradições? Vós mesmos as explicastes: vós desfrutais, mas eu espero, e a esperança torna tudo mais belo.

É tão difícil para mim finalizar esta fastidiosa carta quanto para vós terminá-la. Perdoai-me, grande homem, um zelo quiçá indiscreto, mas que não se estenderia a vós se vos estimasse menos. A Deus não agrada que queira ofender aquele que dos meus contemporâneos mais honro os talentos, e cujos escritos melhor falam ao meu coração; mas trata-se da causa da Providência da qual espero tudo. Após ter colhido tão longamente nas vossas lições consolação e coragem, é duro que agora me retires tudo isso para não me oferecer senão uma esperança incerta e vaga, antes como um paliativo presente do que como uma compensação futura. Não, sofri demasiado nesta vida para não esperar uma outra. Nem todas as subtilezas da metafísica me farão duvidar um momento da imortalidade da alma e de uma Providência beneficente. Sinto-a, creio nela, quero-a, espero-a, defendê-la-ei até ao meu último suspiro, e de todas as disputas será esta a única em que o meu interesse não será esquecido.

Sempre seu, caro senhor, etc...

# CARTA SOBRE A VIRTUDE (1757)

Procurais mais embaraçar-me do que instruir-vos, perguntando-me o que é a virtude? Poderia dizer-vos, em poucas palavras, que é aquilo que ninguém pode aprender senão de si mesmo, e que nunca sabereis se o vosso coração não vos respondeu de antemão. De resto, porquê reavivar uma questão tantas vezes e tão bem respondida? Abri Platão, Cícero, Plutarco, Epicteto, Antonino; consultai o virtuoso Shaftesbury e o seu digno intérprete.(*) Fazei melhor ainda, estudai a vida e os discursos do Justo(**) e meditai no Evangelho; ou deixai antes todos os livros, olhai para dentro, escutai essa voz secreta que fala a todos os corações e sede virtuoso para saber o que é sê-lo realmente. Não acrediteis, contudo, que me recuso à sublime tarefa com que me honrastes. Eu sei que existem casos em que se é obrigado a empreender mais do que se pode executar,

(*) Referência a Diderot. *[N. do T.]*
(**) Referência a Cristo. *[N. do T.]*

em que se deve menos consultar as suas forças do que o seu dever e, sobre todo o tema importante para a sociedade, eu sei que ninguém pode recusar uma declaração dos seus sentimentos logo que a exigimos. Não julgueis igualmente que ma imponho a mim mesmo e que espero um grande sucesso dos meus cuidados: vejo mais curiosidade do que preocupação na vossa solicitude em me interrogar, e sinto mais zelo do que inteligência no meu ardor em vos responder. Mas o que não terei podido fazer por vós, tratarei de o fazer por mim mesmo. Alguma vez nos entregamos sem proveito ao estudo da virtude? Não, os seus divinos efeitos são incompreensíveis, ela excita inclusive antes de esclarecer, amamo-la mal a procuramos, sentimo-la antes de a conhecermos; e devesse a minha razão perder-se na sua peugada, que me consolaria facilmente com um erro que me tornasse mais um homem de bem.

Não espereis encontrar aqui dissertações metafísicas ou todo esse aparato de palavras que muitos leitores sem dúvida procurarão, e que serve apenas para tornar o homem mais vaidoso, sem fazer dele melhor ou mais esclarecido. Essa pretensão doutrinal não conviria nem ao autor nem à obra numa matéria em que se trata mais de sentir do que discernir, e que os mais simples entendem sempre melhor do que os mais sábios. A natureza deu-nos sentimentos e não luzes, e como não é possível, sem injustiça, cobrarem-nos por aquilo que não recebemos, lamentar-nos-íamos bastante se fosse necessário tanto conhecimento para conhecer a virtude.

O meu método será mais simples e mais seguro. Sondando as minhas inclinações naturais, ouso pensar que elas são retas, creio encontrar nos meus desejos a imagem do homem de bem e não posso dizer-vos melhor o que é senão dizendo-vos o que gostaria de ser.

Assim, gostaria de ter uma alma forte para fazer sempre o que é justo, e sensível para amar sempre o que é belo:

mas o que é a beleza, sensibilidade, justiça? E uma alma forte? Eis o que a mais sublime filosofia dificilmente nos explicou, e que explica ainda menos para aqueles que procuram a verdade do que para aqueles que procuram o saber. Contentemo-nos então em escutar a natureza; porque se a natureza quando bem consultada nem sempre nos instrui, ao menos nunca nos desencaminha.

Em primeiro lugar, parece-me que tudo o que há de moral em mim se relaciona sempre com algo fora de mim; que não teria vícios ou virtudes se tivesse vivido sempre só, e que seria bom apenas dessa bondade absoluta que faz com que uma coisa seja o que deve ser pela sua natureza. Sinto também que perdi hoje essa bondade natural, devido ao efeito de uma multidão de relações artificiais, que são obra da sociedade, e que me deram outras inclinações, outras necessidades, outros desejos, outros meios de os satisfazer, nefastos à conservação da minha vida ou à constituição da minha pessoa, mas conformes às opiniões pessoais que tenho sobre mim e às paixões factícias que dei a mim mesmo.

Resulta daí que é preciso considerar-me presentemente como existindo de uma outra maneira e apropriar-me, por assim dizer, de uma outra espécie de bondade conveniente a essa nova existência. Hoje que a minha vida, a minha segurança, a minha liberdade, a minha felicidade dependem do auxílio dos meus semelhantes, é manifesto que não devo mais considerar-me como um ser individual e isolado, mas como parte de um grande todo, como membro de um corpo maior, de cuja conservação depende absolutamente a minha, e que não poderia estar tão mal ordenado que não me ressentisse dessa desordem. (Assim, a identidade de natureza, a fraqueza comum, as necessidades mútuas e a sociedade que elas tornaram necessária atribuem-me deveres e direitos comuns a todos os homens.) Dependo da minha pátria, ao menos quanto às minhas necessidades; a minha pátria, por sua vez, depende de qualquer outro país, e tudo está submetido mais ou menos a essa universal dependência. Eis as verdades que sentimos antes de as experienciarmos, e que me dispensarei de esclarecer se contar quer com a vossa boa-fé quer com a vossa inteligência.

Perguntais-me, talvez, se um homem que nada tivesse recebido da sociedade poderia dever-lhe alguma coisa. Mas considerai, rogo-vos, que uma tal suposição não é boa para ninguém, quando ela gravita em torno do impossível; e cada um vê que é de todo impossível que um homem nasça, viva e se conserve no seio da sociedade sem possuir nada dela. É erradamente que alegará a sua pobreza, os seus males, o seu infortúnio; o Estado responder-lhe-á: talvez tivesse sido melhor para vós nascer nos confins de um deserto, mas estais no meu seio, vivestes aí e não vos seria possível aí viver se eu não vos tivesse conservado; se a vida vos parece um fardo, devíeis abandoná-la, ou o país, se as leis vos parecessem demasiado duras; morrereis ou partis se quiserdes não me dever nada no futuro, mas pagai-me o preço de trinta anos de vida do qual usufruístes graças à minha assistência; atendendo que não sois mais, deveis-me o que fostes.

Não nos olhemos como esses homens primitivos e imaginários que não tinham necessidade de ninguém porque a natureza provia sozinha a tudo. A natureza abandonou, por assim dizer, as suas funções logo que as usurpámos. O homem social é demasiado fraco para poder passar sem os outros, precisa de tudo desde o momento do seu nascimento até ao da sua morte e, rico ou pobre, não conseguiria sobreviver se não recebesse nada de outrem.

Não devo mais crer-me desobrigado com todo o mundo sob pretexto de que aqueles que me serviram não olharam senão ao seu prazer ou ao seu interesse: isso pode ser verdade para os indivíduos, não para o corpo da sociedade que atende a todos os seus membros, e, por conseguinte, a mim, como a vós, em tudo o que ela faz por si própria.

Ora, não é como indivíduos que todos somos devedores uns dos outros, mas como membros da sociedade à qual cada um deve tudo. Além disso, o preço pelo qual se paga todas as ajudas que se recebe é ele próprio um dom da sociedade. Pode o homem nada possuir sem o concurso e consentimento dos outros? Sem esse contrato tácito que celebraram, não haveria nem lucro nem propriedade, nem verdadeira indústria. No estado de natureza, não existe nada além do necessário, e todo o supérfluo que se vê entre nós não é a soma dos trabalhos dos indivíduos, mas o produto da indústria geral, que faz mais com cem braços agindo de concerto do que cem homens separadamente.

Ireis falar-me, prevejo-o, das desordens do estado social em que o bem público serve de pretexto a tantos males; mas é preciso distinguir a ordem social dos seus excessos; e do facto de todos não darem à sociedade aquilo que lhe devem, não se pode concluir que não lhe devemos nada; e não é para ela que nos devemos voltar se, não fazendo nada do que ordena, nos tornamos infelizes ao ofendê-la. Além disso, sob o império da opinião, quantas precauções não é preciso tomar para distinguir, na avaliação das coisas, a aparência da realidade! Quantos males nos parecem terríveis que, em si, não o são; quantos homens lamentam o seu destino, que poderiam ser felizes sem mudar de Estado, e têm de se queixar bem mais da razão do que da fortuna! Um rico pensa estar arruinado quando não lhe resta senão o bem de que necessita e crê morrer de fome se tiver de caçar um parasita. Uma prova de que tantas desgraças são na sua maioria imaginárias é que a mesma condição que gera o desespero daquele que nela se encontra faria, tal como é, a felicidade de cem outros. Não se compara o que se é nem com as suas necessidades nem com a condição do estado de outrem, mas ao que se era, ou ao que se queria ser; a ambição considera sempre como nada o que conquista e como tudo o que lhe escapa.

Mas um benefício infinitamente superior a todos os bens físicos, e que nós obtemos incontestavelmente da harmonia do género humano, é o de alcançar, pela comunicação das ideias e do progresso da razão, as regiões intelectuais, o de adquirir as sublimes noções de ordem, da sabedoria e da bondade moral; de alimentarmos os nossos sentimentos com o fruto dos nossos conhecimentos, de nos elevarmos pela grandeza da alma acima das fraquezas da natureza e de igualar, em certos aspetos, pela arte do raciocínio, as inteligências celestes; enfim, de poder, à força de combater e de vencer as nossas paixões, dominar o homem e imitar a própria Divindade.

Assim, este comércio contínuo de trocas, de cuidados, de auxílios e de instruções ajuda-nos quando não podemos mais ajudar-nos a nós mesmos, esclarece-nos quando temos necessidade de ser esclarecidos e coloca em nosso poder bens de um valor inestimável, que nos fazem desprezar aqueles que já não temos. São estas as verdadeiras compensações que consolam um homem honesto, no meio da infelicidade, dos danos da natureza e dos excessos da sociedade. O antigo vigor dos seus membros passa para as suas faculdades, a sua razão cresce sobre as ruínas de um corpo débil; se se colocam entraves à sua liberdade, o seu coração adquire um novo poder; obedece à voz do mais forte, mas domina as suas paixões, e enquanto é oprimido aqui em baixo, a sua alma pura eleva-se até à morada celeste e goza antecipadamente do prémio da sua virtude. É Hércules que, ao mesmo tempo, se sente a queimar na fogueira e a tornar-se Deus.

Deste modo, o bem e o mal jorram da mesma fonte; mas a quantidade não é igual para todos. O sábio, atormentado pelos malvados, sente no entanto que não seria senão um bruto se não tivesse recebido nada de outrem, e existem muito poucos males que possam fazer vacilar, num homem corajoso, os dons da alma e a esperança de bens futuros.

Desejaremos agora investigar o que pode tornar-nos felizes neste mundo? Voltemo-nos para nós próprios e consultemos o nosso coração. Cada um sentirá que a felicidade não está nele, mas depende de tudo o que o rodeia. O luxo que usa toda a natureza, a ambição que quer acorrentar o universo, a volúpia que não é nada na solidão, a vaidade que procura todos os olhares, a bondade que gostaria que tudo estivesse feliz; tudo o que nos interessa respeita a objetos exteriores, os nossos desejos desaparecem sempre, a felicidade que nos é atribuída pelos outros é a única de que gozamos, e preferiríamos não existir a não ser olhados. Em suma, seja por necessidade de amar, seja pelo desejo de agradar, seja por amizade, confiança ou orgulho, o hábito de nos relacionarmos com os outros torna essa relação de tal modo necessária para nós que é duvidoso que exista um único homem que, seguro de ver todos os seus desejos garantidos, estivesse ao mesmo tempo seguro de nunca voltar a ver o seu semelhante sem cair no desespero.

São estes os laços indestrutíveis que nos unem a todos, e fazem depender a nossa existência, a nossa conservação, as nossas luzes, a nossa fortuna, a nossa felicidade e, em geral, todos os nossos bens e males das relações sociais. Julgo, por isso, que, ao tornar-me homem civil, contraí uma dívida imensa com o género humano, que a minha vida e todas as comodidades que recebo dela devem ser consagradas ao seu serviço; vejo, além disso, que se posso procurar uma espécie de bem-estar exclusivo e alguns prazeres duvidosos sacrificando tudo unicamente a mim mesmo, não poderia assegurar-me um estado de paz e uma felicidade duradoura senão numa sociedade bem organizada; observo que, se eu não respeito no outro os direitos que quero que se respeite em mim, torno-me no inimigo comum de todos e não tenho outra segurança, na iníqua posse dos meus bens, a não ser aquela dos bandidos que devoram nos seus antros os despojos dos infortunados. Este dever sagrado que a razão me obriga a reconhecer não é propriamente um dever de indivíduo a indivíduo, mas é geral e comum como o direito que mo impõe. Porque os indivíduos a quem devo a vida, e aqueles que me deram o necessário, e aqueles que cultivaram a minha alma, e aqueles que me comunicaram os seus talentos podem já não existir, mas as leis que protegeram a minha infância não morrem; os bons costumes dos quais recebi o salutar hábito, as ajudas que tive na necessidade, a liberdade civil de que usufruí, todos os bens que adquiri, todos os prazeres que saboreei devo-os a essa ordem política universal que dirige os assuntos públicos para benefício de todos os homens, que antecipava as minhas necessidades antes do meu nascimento e que fará respeitar as minhas cinzas após a minha morte. Assim, os meus benfeitores podem morrer, mas enquanto houver homens, estou obrigado a devolver à Humanidade os benefícios que dela recebi.

# CARTAS DE ROUSSEAU A MALESHERBES

## Montmorency, 4 de janeiro de 1762

Caro senhor, teria demorado menos a agradecer-lhe a última carta com que me honrastes se a minha diligência em responder-lhe fosse proporcional ao prazer que me deu. Mas além de me custar muito escrever, julguei que seria preciso dar alguns dias às inconveniências deste tempo para não vos saturar com os meus problemas. Embora não me console o que acabou de se passar(*), muito me apraz o facto de terdes sido informado, pois que tal de modo algum me privou da vossa estima, que guardarei ainda mais comigo se não me considerardes melhor do que sou.

Os motivos a que atribuís as decisões que me viram tomar, desde que carrego uma espécie de nome no mundo, honram-me porventura mais do que mereço, mas estão decerto mais próximos da verdade do que aqueles que esses homens de letras me imputam, os quais, tributando tudo à

---

(*) Rousseau faz aqui referência a uma suposta orquestração operada pelos jesuítas e pela editora para falsificar a obra *Emílio*. Malesherbes (1721-1794), censor do reino, vem em auxílio de Rousseau assegurando-lhe a correta publicação da obra. *(N. do T.)*

reputação, julgam os meus sentimentos a partir dos seus. Possuo um coração demasiado sensível a outras inclinações para que se ligue tão fortemente à opinião pública; amo demasiado o meu prazer e a minha independência para ser escravo da vaidade ao ponto que supõem. Aquele para quem a fortuna e a esperança de êxito nunca se interpôs diante de um encontro ou de um jantar agradável não deve naturalmente sacrificar a sua felicidade ao desejo da fama pública, e não é de todo credível que um homem que sente em si algum talento, e que só o dá a conhecer aos quarenta anos, seja louco o bastante para se ir aborrecer num deserto o resto dos seus dias unicamente para adquirir a reputação de um misantropo.

Porém, caro senhor, apesar de odiar supremamente a injustiça e a maldade, essa paixão não é só por si suficientemente dominante para me determinar a fugir da sociedade dos homens, se ao deixá-la tivesse de fazer algum grande sacrifício. Não, o meu motivo é menos nobre e mais próximo de mim. Nasci com um amor natural pela solidão, que só aumentou à medida que conheci melhor os homens. Encontro mais benefícios nos seres imaginários que reúno à minha volta do que naqueles que observo no mundo, e a sociedade, compensada pela imaginação no meu retiro, acaba por me repugnar juntamente com todos aqueles que abandonei. Supões-me infeliz e consumido pela melancolia. Oh, caro senhor, quão enganado estais! Era em Paris que a sentia; era em Paris que uma bílis negra corroía o meu coração, e a amargura dessa bílis fazia-se sentir demasiado em todos os escritos que publiquei enquanto ali permaneci. No entanto, caro senhor, comparai esses textos com aqueles que redigi na minha solidão; ou estou enganado, ou sentireis nestes últimos uma certa serenidade de alma que de modo algum é encenada e sobre a qual se pode fazer um juízo seguro do estado interior do autor. A extrema agitação que acabo de experienciar levou-vos a fazer um juízo contrário; mas é fácil verificar que essa agitação não tem o seu princípio na minha situação atual, mas numa imaginação desregrada pronta a amedrontar-se com tudo e a tudo levar ao extremo. Êxitos contínuos tornam-me sensível à glória, e não há homem com alguma grandeza de alma, e alguma virtude, que possa pensar sem o mais mortal desespero que, após a sua morte, alguém substituiria uma obra útil escrita por si por uma obra perniciosa, capaz de desonrar a sua memória e de causar bastante desgraça. É possível que uma tal perturbação tenha acelerado o progresso dos meus males, mas pondo a hipótese de que um tal acesso de loucura me tivesse acometido em Paris, não é certo que a minha vontade não tivesse poupado à natureza o resto da obra.

Iludi-me durante muito tempo sobre a causa desse invencível desprazer que sempre experimentei na companhia dos homens; atribuía-o à mágoa de não ter bastante presença de espírito para, na conversação, mostrar o pouco que possuía e, portanto, a de não ocupar no mundo o lugar que acreditava merecer. Mas quando estava bem seguro, após ter escrevinhado num papel, de não ser tomado por um tolo, mesmo dizendo disparates, quando me vi procurado por toda a gente e honrado com muito mais consideração do que aquela que a minha mais ridícula vaidade teria ousado reclamar, e quando apesar disso senti esse mesmo desprazer mais aumentado que diminuído, conclui que resultava de uma outra causa, e que essas espécies de prazeres não eram aquelas de que necessitava.

Afinal, qual é então essa causa? Não é outra além desse indomável espírito de liberdade que nada pôde subjugar, e diante do qual as honras, a fortuna e a própria reputação nada me são. É certo que esse espírito de liberdade me vem menos do orgulho que da preguiça; mas essa preguiça é assombrosa; tudo a amedronta; os menores deveres da vida civil são-lhe insuportáveis. Uma palavra a dizer, uma carta a escrever, uma visita a fazer, logo que seja preciso, são suplícios para mim. Eis a razão pela qual, ainda que a vulgar companhia dos homens me seja odiosa, a íntima amizade me é tão cara, pois não existem mais deveres para ela. Segue-se o seu próprio coração e tudo se cumpre. Eis também porque sempre receei tanto os benefícios. Com efeito, todo o benefício exige reconhecimento; e sinto o meu coração ingrato só pelo facto de o reconhecimento ser um dever. Numa palavra, a espécie de felicidade de que preciso não é tanto a de fazer o que quero quanto a de não fazer o que não quero. A vida ativa não tem nada que me tente; consentiria cem vezes mais em nunca fazer nada do que em fazer alguma coisa contra a minha vontade; e pensei cem vezes que não teria sido muito infeliz vivendo na Bastilha, uma vez que não teria de fazer outra coisa além de permanecer aí.

Apesar disso, fiz alguns esforços na minha juventude para vingar. Mas esses esforços tiveram como finalidade tão-somente o retiro e o repouso na minha velhice, e como apenas surgissem aos estremeções como os de um preguiçoso, jamais tiveram o menor sucesso. Quando os males chegaram, deram-me um bom pretexto para me entregar à minha paixão dominante. Considerando que era uma loucura atormentar-me por uma idade à qual não chegaria, renunciei a tudo e apressei-me a fruir. Caro senhor, juro-vos ser esta a verdadeira causa desse retiro para o qual os nossos homens de letras foram buscar os motivos de ostentação que supõem uma persistência, ou, antes, uma obstinação, em prender-me ao que me custa, diretamente contrária ao meu caráter natural.

Dir-me-eis que esta suposta indolência combina mal com os textos que escrevi nos últimos dez anos e com esse desejo de glória que me deverá ter estimulado a publicá-los. Eis uma objeção a resolver que me obriga a alongar a minha carta e, consequentemente, me força a finalizá-la.

Voltarei a ela, caro senhor, se o meu tom familiar não vos desagradar, porquanto na efusão do meu coração não saberei assumir um outro. Descrever-me-ei sem artifícios e sem modéstia, mostrar-me-ei a vós tal como me vejo e tal como sou, porque passando a minha vida comigo mesmo devo conhecer-me, e porque vejo, pela maneira como aqueles que pensam conhecer-me, interpretam as minhas ações e a minha conduta, que não conhecem nada dela. Mais ninguém no mundo me conhece como eu. Julgar-me-eis quando tiver tudo dito.

Caro senhor, não me envieis de volta as minhas cartas, peço-vos. Queimai-as, porque não valem a pena ser guardadas, mas não por consideração a mim. E por favor não penseis em buscar aquelas que estão nas mãos de Duchesne. Se fosse preciso varrer do mundo os vestígios de todas as minhas loucuras haveria muitas cartas a retirar e eu não moveria um dedo para isso. Acusado ou defendido, de modo algum temo ser visto tal como sou. Conheço os meus grandes defeitos, sinto vivamente todos os meus vícios. Com tudo isso morrerei cheio de esperança no Deus supremo e plenamente convencido de que, de todos os homens que conheci na minha vida, nenhum foi melhor do que eu.

## Montmorency, 12 de janeiro de 1762

Uma vez começado, continuarei, caro senhor, a dar-vos conta da minha pessoa; porque aquilo que me é mais desfavorável é o de ser conhecido pela metade, e já que os meus defeitos não me negaram a vossa estima, presumo que a minha franqueza não a deva afastar de mim.

Uma alma indolente que teme todas as responsabilidades, um temperamento ardente, bilioso, fácil de afetar e sensível até ao excesso a tudo o que o perturba parecem não poder aliar-se no mesmo caráter, e no entanto estes dois contrários compõem o fundo do meu. Embora não seja capaz de resolver esta oposição por meio de princípios, ela todavia existe, sinto-a, nada é mais certo, e posso, pelo menos, oferecer através dos factos uma espécie de história que pode servir para a imaginar. Fui mais ativo na infância do que agora, mas nunca como uma outra criança. Esse tédio de tudo em boa hora me lançou na leitura. Aos seis anos, Plutarco caiu-me nas mãos, aos oito, sabia-o de cor; tinha lido todos os romances, haviam-me feito chorar baldes de lágrimas antes da idade em que o coração sente interesse por romances. Disto se formou no meu coração esse gosto heroico e romanesco, que apenas aumentou até ao presente, e que acabou por me enfastiar de tudo salvo o que se assemelhava às minhas loucuras. Na minha juventude, quando acreditava encontrar no mundo as mesmas pessoas que conhecera nos meus livros, abandonava-me sem restrições a qualquer um que soubesse impor-se-me por um certo jargão pelo qual me deixei levar. Era ativo porque estava possuído; à medida que perdia as ilusões mudava de gostos, de afeições, de projetos, e em todas as mudanças; dissipava sempre o meu esforço e o meu tempo, porque procurava sempre o que de nenhum modo existia. Ao tornar-me mais experiente perdi a esperança de o encontrar e, por conseguinte, o zelo de o procurar. Amargurado pelas injustiças que tinha experienciado, por aquelas que testemunhara, tantas vezes afligido pela desordem para onde o exemplo e a força das coisas me tinham arrastado, ganhei um desprezo pelo meu século e pelos meus contemporâneos, e, sentindo que não encontraria no meio deles uma situação que pudesse contentar o meu coração, apartei-o pouco a pouco da sociedade dos homens e criei para mim uma outra na minha imaginação, a qual me encantou tanto quanto podia cultivá-la sem dificuldade, sem risco, e achá-la sempre certa e tal como eu precisava que fosse.

Depois de ter passado assim quarenta anos da minha vida descontente de mim mesmo e dos outros, procurava inutilmente romper os laços que me tinham ligado a essa sociedade que estimava tão pouco e que me amarrava às ocupações que menos se adequavam ao meu gosto por meio de necessidades que pensava serem as da natureza e que apenas eram as da convenção. Subitamente, um feliz acaso lançou sobre mim mesmo uma luz quanto ao que tinha de fazer e quanto ao que devia pensar dos meus semelhantes em relação aos quais o meu coração estava incessantemente em contradição com o meu espírito, os quais me sentia ainda compelido a amar mesmo com tantas razões para os odiar. Gostaria, caro senhor, de ser capaz de vos descrever esse momento que constituiu uma tão singular época na minha vida e que para sempre estaria presente para mim se eu vivesse eternamente.

Ia ver Diderot, na altura prisioneiro em Vincennes; tinha na minha bolsa um exemplar do *Mercure de France* que comecei a folhear ao longo do caminho. Tropecei na questão da Academia de Dijon, que deu lugar ao meu primeiro escrito (*). Se houve vez em que algo se assemelhou a uma inspiração súbita, foi a agitação que se produziu em mim com essa leitura: de repente, sinto o meu espírito encadeado por mil luzes; uma massa de ideias vivas apresentaram-se aí ao mesmo tempo com uma força e uma confusão que me lançou numa perturbação indescritível; sinto a minha cabeça tomada por uma tontura semelhante à embriaguez. Uma violenta palpitação oprime-me, pressiona o meu peito; já incapaz de respirar enquanto caminho, deixo-me cair sob uma das árvores da alameda, e passo aí uma meia hora numa tal agitação que, ao levantar-me, percebo a frente do meu casaco molhada das minhas lágrimas sem ter sentido que as havia vertido. Oh, caro senhor, se um dia pudesse escrever um quarto do que vi e senti sob essa árvore, com que clareza faria ver todas as contradições do sistema social, com que força teria exposto todos os abusos das nossas instituições, com que simplicidade teria demonstrado que o homem é naturalmente bom e que é só por causa dessas instituições que os homens se tornam maus. Tudo o que consegui reter dessa massa de grandes verdades que num quarto de hora me iluminaram sob essa árvore foi muito vagamente disperso nos meus três principais escritos, a saber, esse primeiro Discurso, aquele sobre a desigualdade e o tratado sobre a educação, três obras que são inseparáveis e formam em conjunto um mesmo todo. Tudo o resto se

---

(*) Trata-se do *Discurso sobre as Ciências e as Artes.*

perdeu, e somente a prosopopeia de Fabricius foi escrita no mesmo local. Eis como, no instante em que menos pensava nisso, me tornei autor quase contra a minha vontade. É fácil de conceber como a atração de um primeiro êxito e as críticas dos escrevinhadores me lançaram totalmente na carreira. Possuía eu qualquer verdadeiro talento para escrever? Não sei. Em mim, uma viva persuasão fez constantemente as vezes da eloquência, e escrevi sempre de um modo vulgar e medíocre quando não estava fortemente persuadido. Assim, foi talvez um regresso dissimulado de amor-próprio que me fez escolher e merecer a minha divisa(*) e me ligou tão apaixonadamente à verdade, ou a tudo o que tomei por ela. Se tivesse escrito apenas por escrever, estou convencido de que nunca teria sido lido.

Após ter descoberto ou acreditado descobrir, nas falsas opiniões dos homens, a causa das suas misérias e da sua maldade, senti que fora tão-somente essas mesmas opiniões o que me tinha tornado infeliz, e que os meus males e os meus vícios vinham muito mais da minha situação do que de mim mesmo. Na mesma altura, tendo-se declarado como absolutamente incurável uma doença cujos primeiros sintomas sentira logo na infância, mau grado todas as promessas dos falsos curandeiros, as quais não me iludiram muito tempo, pensava que se quisesse ser consequente e, de uma vez por todas, sacudir de cima dos meus ombros o pesado jugo da opinião, não tinha um momento a perder. Com suficiente coragem tomei bruscamente a minha decisão e mantive-a até hoje bastante sólida, com uma firmeza cujo valor só eu posso sentir, porque só eu sei que obstáculos tive e tenho ainda todos os dias de combater para me manter continuamente contra a corrente. Bem sinto, no entanto, que nos últimos dez anos me desviei um pouco,

(*) Trata-se da máxima *Vitam impendere vero* [consagrar a vida à verdade] de Juvenal.

mas se julgasse só ter quatro ainda para viver, ver-se-me-ia dar uma segunda sacudidela e regressar, pelo menos, ao meu primeiro nível para não mais voltar a descer. As grandes provas, na verdade, estão feitas, e está para mim doravante demonstrado pela experiência que o estado em que me encontro é o único no qual o homem pode viver bem e feliz, na medida em que é o mais independente de todos, e o único em que jamais nos vemos na necessidade de fazer mal a outrem para nosso benefício.

Confesso que a reputação que os meus textos me trouxeram facilitou muito a execução da decisão que tomei. É preciso ser tido por bom autor para, impunemente, se tornar um mau copista(*), e não faltar trabalho para isso. Sem esse primeiro título, ter-me-iam levado demasiado ao pé da letra no outro, e talvez isso me tivesse mortificado; porque enfrento facilmente o ridículo, mas não suportaria tão bem o desprezo. Mas se a este respeito uma certa reputação me traz algum proveito, ela é suficientemente compensada por todos os incómodos associados a essa mesma reputação quando de modo algum se deseja ser escravo, e quando se deseja viver isolado e independente; foram em parte estes incómodos que me afastaram de Paris, e que, perseguindo-me ainda no meu refúgio, me afastariam muito certamente para mais longe caso a minha saúde se restabelecesse. Um dos meus flagelos nessa grande cidade era essa multidão de pretensos amigos que se apoderavam de mim, e que, julgando o meu coração pelo seu, estavam absolutamente determinados a fazer-me feliz à sua maneira e não à minha. Desesperados com o meu retiro, perseguiram-me até aí para me resgatarem. Foi impossível manter-me aí sem romper todos os laços. Não sou verdadeiramente livre senão desde esse período.

---

(*) Rousseau assumiu a profissão de copista de música.

Livre! Não, não o sou ainda. Os meus últimos escritos não estão ainda impressos e, considerando o estado deplorável da minha pobre máquina, já não espero sobreviver à impressão da recolha de todos eles. Se, no entanto, contra a minha expectativa, puder chegar até esse momento e de uma vez por todas me despedir do público, acreditai, caro senhor, que então serei livre ou nunca um homem o terá sido. *O utinam!* (*) Ó dia três vezes feliz! Não, não me será dado vê-lo.

Não disse tudo, caro senhor, e tereis talvez ainda pelo menos uma carta a suportar. Felizmente, nada vos obriga a lê-las, e porventura fá-lo-eis com bastante dificuldade. Mas, por bondade, perdoai-me; para recopiar estas longas salgalhadas, haveria que as refazer, e, na verdade, não possuo coragem para isso. Tenho seguramente muito prazer em vos escrever, mas não o tenho menos em repousar, e o meu estado não me permite escrever muito tempo de seguida.

(*) Praza aos deuses que...!

## Montmorency, 26 de janeiro de 1762

Caro senhor, depois de vos ter apresentado os verdadeiros motivos da minha conduta, gostaria de vos falar do meu estado moral no meu retiro; mas sinto que é muito tarde; a minha alma, alienada dela mesma, pertence toda ao meu corpo. O declínio da minha pobre máquina retém-na aí ligada, mais e mais a cada dia que passa, e até que, por fim, subitamente, ela dele se separe. É da minha felicidade que vos quero falar, e fala-se mal da felicidade quando se sofre.

Os meus males são obra da natureza, mas a minha felicidade é minha. Diga-se o que se disser, fui sábio, já que fui feliz tanto quanto a minha natureza mo permitiu ser: não fui procurar ao longe, busquei-a perto de mim e encontrei-a. Esparciano diz que Símile, cortesão de Trajano, tendo deixado sem nenhum descontentamento pessoal a corte e todos os seus cargos para ir viver sossegadamente para o campo, mandou gravar estas palavras no seu túmulo: habitei setenta e seis anos na Terra e vivi sete. Eis o que posso dizer, num certo sentido, conquanto o meu sacrifício tenha sido menor. Não comecei a viver senão a 9 de abril de 1756.

Não conseguiria dizer-vos, caro senhor, o quão tocado fui ao ver que me consideráveis o mais desgraçado dos homens. O público, sem dúvida, julgará como vós, e é ainda o que me aflige. Oh, se a sorte de que gozei fosse conhecida de todo o universo! Todos desejariam para si uma semelhante; a paz reinaria sobre a Terra; os homens não pensariam mais em fazer mal uns aos outros, e não mais existiriam malvados se ninguém tivesse interesse em sê-lo. Mas de que gozei eu, afinal, quando me encontrava sozinho? De mim, do universo inteiro, de tudo o que é, de tudo o que pode ser, de tudo o que é belo no mundo sensível e de imaginável no mundo intelectual; reunia à minha volta tudo o que podia deleitar o meu coração, os meus desejos eram a medida dos meus prazeres. Não, nunca os mais voluptuosos conheceram tais delícias, e gozei cem vezes mais com as minhas quimeras do que eles com as suas realidades.

Quando as minhas dores me levam a medir tristemente a duração das noites, e a agitação da febre me impede de saborear um só momento de sono, muitas vezes me distraio do meu estado presente meditando nos diversos acontecimentos da minha vida, e as mágoas, as doces lembranças, os remorsos, a compaixão partilham entre si o cuidado de me fazer esquecer por alguns momentos os meus sofrimentos. Que período, caro senhor, credes que nos meus sonhos me vem à memória com mais frequência e naturalidade? Não são de todo os prazeres da minha juventude, demasiado raros, demasiado enredados em amargura e já demasiado longe de mim. São aqueles do meu retiro, são as caminhadas solitárias, são esses dias rápidos mas deliciosos que passei inteiramente só comigo mesmo, com a minha boa e simples governanta, com o meu muito amado cão, a minha velha gata, com as aves do campo e os bichos da floresta, com a natureza inteira e o seu inconcebível Autor. Quando me levanto antes do Sol para ir ver, contemplar o seu nascer no meu jardim, quando via começar um belo dia, o meu primeiro desejo era que nem letras nem visitas viessem perturbar-lhe o encanto. Depois de dedicar a manhã a diversas preocupações que assumia com prazer, pois que as podia adiar para uma outra altura, apressava-me a almoçar para escapar aos inoportunos e dispor para mim de uma tarde mais longa. Antes da uma hora da tarde, mesmo nos dias mais ardentes, partia pelo grande sol com o fiel Acate, estugando o passo com medo de que alguém viesse impor-se-me antes de ter podido esquivar-me; mas uma vez dobrada uma certa esquina, com que bater de coração, com que viva alegria começava a respirar ao sentir-me a salvo, a dizer-me, *eis-me senhor de mim mesmo para o resto deste dia.* Ia então com um passo mais tranquilo procurar um lugar selvagem na floresta, algum lugar deserto onde nada exibisse a mão dos homens anunciando a servidão e a dominação, algum refúgio onde pudesse acreditar ter sido o primeiro a entrar e onde nenhum estranho inoportuno viesse interpor-se entre a natureza e eu. Era aí que ela parecia revelar aos meus olhos uma magnificência sempre nova. O ouro da giesta e a púrpura da urze que tocavam os meus olhos de um luxo que comovia o meu coração, a majestade das árvores que me cobriam com a sua sombra, a delicadeza dos arbustos que me envolviam, a espantosa variedade das ervas e das flores, que sob os meus pés calcava, retinham o meu espírito numa alternativa contínua de observação e admiração. O concurso de tantos objetos interessantes que disputavam a minha atenção, atraindo-me incessantemente de um a outro, favorecia a minha disposição sonhadora e preguiçosa, e fazia-me amiúde repetir para mim mesmo: *não, nunca Salomão, em toda a sua glória, se vestiu como um deles.*

A minha imaginação não deixava desabitada por muito tempo a Terra assim enfeitada. Logo a povoava de seres conforme o meu coração, e expulsando para bem longe a opinião, os preconceitos, todas as paixões artificiais, transportava para os refúgios da natureza homens dignos de os habitar. Formava para mim uma sociedade encantadora da qual não me sentia indigno. Criava um século de ouro para a minha fantasia, e, preenchendo esses belos dias com todas as cenas da minha vida que me haviam deixado agradáveis recordações, e com todas aquelas que o meu coração podia ainda desejar, enternecia-me até às lágrimas com os verdadeiros prazeres da Humanidade, prazeres tão deliciosos, tão puros, e que estão de ora em diante tão longe dos homens. Oh, se nestes momentos, alguma ideia de Paris, do meu século ou da minha pequena gloríola de autor vinha perturbar os meus devaneios, com que desdém eu a escorraçava imediatamente para me abandonar, sem distrações, aos delicados sentimentos de que a minha alma estava cheia! Não obstante, confesso-o, no meio de tudo isso, o nada das minhas quimeras vinha, às vezes, subitamente, contristá-la. Mesmo se todos os meus sonhos se tornassem realidade, não me teriam bastado; teria imaginado, sonhado, desejado ainda. Encontrava em mim um vazio inexplicável que nada teria podido preencher, um certo ímpeto do coração para uma espécie de prazer do qual não tinha ideia e do qual, no entanto, sentia a necessidade. Pois bem, caro senhor, até isso era prazer, já que me sentia imbuído de um sentimento muito vivo e de uma sedutora tristeza que não teria desejado não ter.

Lesto, da superfície da Terra, eu elevava as minhas ideias a todos os seres, ao sistema universal das coisas, ao incompreensível Ser que tudo abarca. Então, com o espírito perdido nessa imensidade, não pensava, não raciocinava, não filosofava, sentia-me com uma espécie de volúpia, esmagado pelo peso deste universo; entregava-me com arrebatamento à confusão dessas grandes ideias, adorava perder-me imaginativamente no espaço; o meu coração confinado aos limites dos seres sentia-se aí demasiado apertado; sufocava no universo; teria desejado lançar-me no infinito. Acredito que se tivesse desvelado todos os mistérios da natureza me teria sentido numa situação menos deleitosa do que nesse surpreendente êxtase ao qual, sem reserva, o meu espírito se entregava e que na agitação dos meus arrebatamentos me fazia por vezes gritar: *Ó grande Ser! Ó grande Ser!*, sem mais nada poder dizer ou pensar.

Assim decorriam, num contínuo delírio, os dias mais encantadores que uma criatura alguma vez viveu; e quando o pôr-do-sol me levava a pensar no recolher, surpreso com a rapidez do tempo, acreditava não ter aproveitado suficientemente o meu dia, cuidava poder gozá-lo ainda mais e, para compensar o tempo perdido, dizia a mim mesmo que regressaria no dia seguinte.

Voltava a passo lento, a cabeça um pouco fatigada, mas de coração contente, descansava agradavelmente no regresso, entregando-me à impressão dos objetos, mas sem pensar, sem imaginar, sem fazer outra coisa senão sentir a calma e a felicidade da minha situação. Encontrava a minha mesa disposta no meu terraço. Jantava com grande apetite juntamente com o meu pequeno agregado, sem que nenhuma imagem de servidão e de dependência perturbasse a bondade que nos unia a todos. O meu próprio cão era meu amigo, não meu escravo, tínhamos sempre a mesma vontade, mas ele jamais me obedeceu. A minha alegria ao longo de todo o serão testemunhava que vivera só todo o dia; era bem diferente quando tinha companhia, raramente estava contente com os outros e nunca comigo mesmo. À noite estava mal-humorado e taciturno: este reparo é da minha governanta, e desde que ela mo disse sempre o considerei justo quando me observava. Por fim, após ter dado ainda algumas voltas no meu jardim ou cantado uma qualquer melodia na minha espineta, encontrava no meu leito um repouso de corpo e alma cem vezes mais doce do que o próprio sono.

Estes foram os dias que fizeram a verdadeira felicidade da minha vida, felicidade sem amargura, sem tédio, sem lamentos, e aos quais de bom grado teria limitado todos os da minha existência. Sim, caro senhor, que dias assim possam encher para mim a eternidade; não peço mais nada e não imagino ser menos feliz nestas maravilhosas contemplações do que as inteligências celestes. Mas um corpo que sofre nega ao espírito a sua liberdade; de hoje em diante não estou mais sozinho, tenho um hóspede que me aborrece, é preciso que me livre dele de modo a estar comigo mesmo, e a experiência que fiz destes doces prazeres já não me serve senão para me fazer esperar com menos terror o momento de os gozar sem distrações.

Eis-me, no entanto, já no fim da minha segunda folha. Precisaria ainda, todavia, de uma mais. Ainda uma carta, portanto, e só uma. Perdão, caro senhor, pese embora goste demasiado de falar de mim, não gosto de o fazer com todo o mundo; é isso que me faz abusar da ocasião quando a tenho e quando ela me agrada. É este o meu erro e a minha desculpa. Rogo-vos que a aceiteis.

## Montmorency, 28 de janeiro de 1762

Mostrei-vos, caro senhor, no íntimo do meu coração, os verdadeiros motivos do meu retiro e de toda a minha conduta, motivos, sem dúvida, muito menos nobres do que supusestes, mas que, no entanto, são de uma espécie que me deixa contente comigo mesmo e me inspiram o orgulho de alma de um homem que se sente em boa condição, e que, tendo tido a coragem de fazer o que era preciso fazer para o estar, acredita poder imputar-se o mérito disso. Não dependia de mim dar-me um outro temperamento ou um outro carácter, mas tirar partido do meu, para me tornar bom para mim mesmo e de nenhum modo mau para os outros. Já isso é muito, caro senhor, e poucos homens podem dizer o mesmo. De igual forma, não vos esconderei que, apesar da consciência dos meus vícios, me tenho em alta estima.

Vós, homens de letras, por muito que protestem que um homem isolado é inútil a todo o mundo e não cumpre os seus deveres na sociedade, considero, eu, os camponeses de Montmorency membros mais úteis à sociedade do que todo esse monte de desocupados sustentados pelo suor do povo para ir seis vezes por semana tagarelar para uma academia; e fico mais contente por poder, ocasionalmente, dar algum prazer aos meus pobres vizinhos do que ajudar essa multidão de pequenos intriguistas, de que Paris está cheia, a ter sucesso, todos aspirando à honra de serem vigaristas de profissão; e que, para o bem público, assim como para o seu, deveriam, sem exceção, ser mandados trabalhar a terra nas suas províncias. É alguma coisa dar o exemplo aos homens da vida que deveriam levar. Quando não se tem mais a força, nem saúde para trabalhar com os seus braços, é alguma coisa ousar, a partir do seu retiro, dar a escutar a voz da verdade. É alguma coisa advertir os homens da loucura das opiniões que os tornam miseráveis. É alguma coisa o ter podido contribuir para impedir, ou pelo menos adiar, na minha pátria, a instituição perniciosa que d'Alembert queria que se instaurasse entre nós para, às nossas custas, prestar tributo a Voltaire. Se vivesse em Genebra, não teria podido nem publicar a dedicatória do *Discurso sobre a Desigualdade*, nem mesmo falar contra o estabelecimento da comédia no tom com que o fiz. Seria muito mais inútil aos meus compatriotas vivendo no meio deles do que posso sê-lo, ocasionalmente, no meu retiro. Que importa o lugar onde habito, se ajo onde devo agir? Além disso, serão os habitantes de Montmorency menos homens que os parisienses? E quando posso dissuadir um deles a enviar o seu filho corromper-se na cidade, faço menos bem do que se pudesse enviá-lo de volta da cidade para a terra natal? Não bastaria a minha indigência para impedir que fosse inútil da maneira que todos esses bem-falantes a entendem? E visto que como apenas tanto pão quanto aquele que ganho, não estarei eu obrigado a trabalhar para a minha subsistência e de pagar à sociedade toda a necessidade que posso ter dela? É verdade que me recusei às ocupações que não me eram adequadas; não sentindo em mim o talento que podia levar-me a merecer o bem que vós me quisestes fazer(*), aceitá-lo corresponderia a furtá-lo a algum homem de letras tão indigente quanto eu e mais capaz desse trabalho; ao oferecer-mo, supusestes que estava em condições de fazer uma recensão crítica, que podia ocupar-me com matérias que me eram indiferentes; e não sendo esse o caso, ter-vos-ia enganado, ter-me-ia tornado indigno da vossa generosidade, se me tivesse comportado de outro modo; não há desculpa para aquele que age mal quando age voluntariamente; estaria agora descontente comigo, e vós também; e não apreciaria o prazer que tenho em vos escrever. Afinal, ao trabalhar para mim tanto quanto as minhas forças mo permitiram, fiz, de acordo com as minhas possibilidades, tudo o que pude pela sociedade; se pouco fiz por ela, exigi-lhe ainda menos, e acredito estar tão isento com ela no estado em que me encontro que, se pudesse doravante repousar completamente e viver só para mim, fá-lo-ia sem escrúpulos. Quando muito, afastaria de mim, com todas as minhas forças, a inconveniência do ruído público. Se vivesse cem anos ainda, não escreveria uma linha para a imprensa, e não acreditaria verdadeiramente ter recomeçado a viver senão quando estivesse tudo esquecido.

Admito, no entanto, que pouco faltou para me ver novamente comprometido no mundo, e que teria abandonado a minha solidão, não por aversão a ela, mas por um gosto não menos vivo que quase lhe preferi. Caro senhor, forçoso seria que conhecêsseis o estado em que me encontrava pela renúncia e abandono de todos os meus amigos, e a profunda dor que afetava a minha alma, quando o senhor e a senhora de Luxembourg desejaram conhecer-me, para avaliar a impressão que causaram no meu coração afligido com os seus avanços e lisonjas. Estava moribundo. Sem eles

(*) A 15 de novembro, Malesherbes propôs a Rousseau um lugar de redator no *Journal des savants*. (N. do T.)

teria morrido infalivelmente de tristeza; devolveram-me a vida; é inteiramente justo que me dedique a amá-los.

Tenho um coração muito afetuoso, mas que pode bastar-se a si mesmo. Amo demasiado os homens para ter necessidade de escolher entre eles; amo-os a todos, e é porque os amo que odeio a injustiça; é porque os amo que fujo deles: sofro menos com os seus males quando não os vejo. Este interesse pela espécie basta para alimentar o meu coração. Não careço de amigos particulares, mas quando os tenho, sinto uma grande necessidade de não os perder, porque, quando se afastam, magoam-me. Nisso são tanto mais culpados quanto não lhes exijo senão amizade, e contanto que me amem e eu o saiba, não tenho mesmo necessidade de os ver. Mas quiseram sempre colocar, no lugar do sentimento, cuidados e serviços que o público observava e que de nada me serviam. Quando os amava, quiseram dar a aparência de amar-me. Para mim, que desprezo em tudo as aparências, isso não me contentou, e, não vendo outra coisa além disso, considero o caso resolvido. Não deixaram exatamente de me amar; descobri apenas que não me amavam.

Assim, de súbito, pela primeira vez na minha vida, encontrei o meu coração só, e isto estando igualmente só no meu retiro e quase tão doente como estou hoje. Foi nestas circunstâncias que teve início essa nova ligação, que tanto me compensou por todas as outras, e pela qual nada me compensará, pois que durará, espero, tanto quanto a minha vida, e suceda o que suceder, será a última. Não vos posso esconder, caro senhor, que sinto uma aversão violenta pelos estratos sociais que dominam os outros; estaria até errado em dizer que o posso dissimular de vós, pois que não tenho qualquer dificuldade em vo-lo confessar, a vós, nato de um sangue ilustre, filho de um chanceler de França e primeiro presidente de um tribunal soberano; sim, caro senhor, a vós que me haveis feito mil bens sem me conheceres, e a quem, apesar da minha ingratidão natural, não me custa nada estar reconhecido. Odeio os grandes, odeio o seu estatuto, a sua dureza, os seus preconceitos, a sua pequenez e todos os seus vícios; e odiá-los-ia muito mais se os desprezasse menos. Foi com este sentimento que fui como que arrastado para o castelo de Montmorency; vi os seus senhores, amaram-me, e eu, caro senhor, amei-os e amá-los-ei enquanto viver, com todas as forças da minha alma; daria por eles, não digo a minha vida, o dom seria pobre no estado em que me encontro, não digo a minha reputação entre os meus contemporâneos, que pouco me preocupa, mas a única glória que alguma vez tenha tocado o meu coração: a honra que espero da posteridade e que ela me prestará, porquanto me é devida e porque a posteridade é sempre justa. O meu coração, que não sabe prender-se pela metade, ligou-se a eles sem reservas, e não me arrependo disso: seria até inútil arrepender-me, pois que já não teria tempo de me desdizer; no calor do entusiasmo que me inspiraram, estive cem vezes a ponto de lhes pedir refúgio na sua casa, para aí passar o resto dos meus dias junto deles; e eles conceder-mo-iam alegremente, de facto, se eu não assumisse pela sua postura que o convite há muito havia sido feito.

Este projeto foi certamente um daqueles em que meditei mais tempo e com mais prazer. No entanto, contra a minha vontade, fui forçado a sentir no final que não era bom. Pensava tão-somente na ligação entre as pessoas, sem considerar os intermediários que nos teriam mantido afastados, e havia-os de tantas espécies, sobretudo o transtorno associado aos meus males, que um projeto assim só era justificável pelo sentimento que o havia inspirado. Além disso, a maneira de viver que seria inevitável assumir choca demasiado diretamente todos os meus gostos, todos os meus hábitos; não teria sido capaz de aguentar nem sequer três meses. Enfim, por muito próximos que o viver em conjunto nos tornasse, a distância permaneceria sempre a mesma entre os estratos sociais, e essa deliciosa intimidade que constitui o maior encanto de uma sociedade restrita estaria sempre ausente da nossa. Não teria sido nem o amigo nem o criado do senhor, o Marechal de Luxembourg: teria sido seu hóspede. Sentindo-me longe de casa, teria muitas vezes suspirado pelo meu antigo refúgio; e vale cem vezes mais estar afastado das pessoas que se ama e desejar estar junto a elas do que se expor a um desejo oposto. Uns passos ao lado teriam provavelmente causado uma revolução na minha vida. Nos meus sonhos, cem vezes supus o Senhor de Luxembourg não um duque, não um marechal de França, mas um bom fidalgo do campo, habitando algum velho castelo, e J.-J. Rousseau não um autor, não um fazedor de livros, mas possuidor de um espírito medíocre e poucos sucessos, que se apresenta ao senhor do castelo e à dama, agradando-os, encontrando junto deles a felicidade da sua vida, e contribuindo para a deles. Se, para tornar o sonho mais agradável, me permitísseis empurrar com um encontrão o castelo de Malesherbes para meia légua dali, parece-me, caro senhor, que sonhando assim não desejaria acordar por muito tempo.

Mas está feito; nada mais me resta senão terminar o longo sonho, porque os outros estão de ora em diante todos fora de época e já é muito se puder prometer-me ainda algumas das deliciosas horas que passei no castelo de Montmorency. Seja como for, aqui estou tal como me senti afetado. Julgai-me por toda esta salgalhada, se eu valer a pena, porquanto já não saberia dar-lhe ordem e não tenho a coragem de recomeçar. Se este quadro demasiado verídico me negar a vossa benevolência, terei cessado de usurpar aquilo que não me pertencia. Mas se a conservo, tornar-se-á mais cara ainda, como fazendo mais parte de mim.

# Índice

TEXTOS FILOSÓFICOS

1. *Crítica da Razão Prática*, Immanuel Kant
2. *Investigação sobre o Entendimento Humano*, David Hume
3. *Crepúsculo dos Ídolos*, Friedrich Nietzsche
4. *Discurso de Metafísica*, Immanuel Kant
5. *Os Progressos da Metafísica*, Immanuel Kant
6. *Regras para a Direcção do Espírito*, René Descartes
7. *Fundamentação da Metafísica dos Costumes*, Immanuel Kant
8. *A Ideia da Fenomenologia*, Edmund Husserl
9. *Discurso do Método*, René Descartes
10. *Ponto de Vista Explicativo da Minha Obra de Escritor*, Sören Kierkegaard
11. *A Filosofia na Idade Trágica dos Gregos*, Friedrich Nietzsche
12. *Carta sobre a Tolerância*, John Locke
13. *Prolegómenos a Toda a Metafísica Futura*, Immanuel Kant
14. *Tratado da Reforma do Entendimento*, Bento de Espinosa
15. *Simbolismo: Seu Significado e Efeito*, Alfred North Withehead
16. *Ensaio sobre os Dados Imediatos da Consciência*, Henri Bergson
17. *Enciclopédia das Ciência Filosóficas em Epítome (Vol. I)*, Georg Wilhelm Friedrich Hegel
18. *A Paz Perpétua e Outros Opúsculos*, Immanuel Kant
19. *Diálogo sobre a Felicidade*, Santo Agostinho
20. *Princípios da Filosofia do Futuro*, Ludwig Feuerbach
21. *Enciclopédia das Ciência Filosóficas em Epítome (Vol. II)*, Georg Wilhelm Friedrich Hegel
22. *Manuscritos Económico-Filosóficos*, Karl Marx
23. *Propedêutica Filosófica*, Georg Wilhelm Friedrich Hegel
24. *O Anticristo*, Friedrich Nietzsche
25. *Discurso sobre a Dignidade do Homem*, Giovanni Pico della Mirandola
26. *Ecce Homo*, Friedrich Nietzsche
27. *O Materialismo Racional*, Gaston Bachelard
28. *Princípios Metafísicos da Ciência da Natureza*, Immanuel Kant
29. *Diálogo de um Filósofo Cristão e de um Filósofo Chinês*, Nicholas Malebranche
30. *O Sistema da Vida Ética*, Georg Wilhelm Friedrich Hegel
31. *Introdução à História da Filosofia*, Georg Wilhelm Friedrich Hegel
32. *As Conferências de Paris*, Edmund Husserl
33. *Teoria das Concepções do Mundo*, Wilhelm Dilthey
34. *A Religião nos Limites da Simples Razão*, Immanuel Kant
35. *Enciclopédia das Ciência Filosóficas em Epítome (Vol. III)*, Georg Wilhelm Friedrich Hegel
36. *Investigações Filosóficas sobre a Essência da Liberdade Humana*, F. W. J. Schelling
37. *O Conflito das Faculdades*, Immanuel Kant
38. *Morte e Sobrevivência*, Max Scheler
39. *A Razão na História*, Georg Wilhelm Friedrich Hegel
40. *O Novo Espírito Científico*, Gaston Bachelard
41. *Sobre a Metafísica do Ser no Tempo*, Henrique de Gand
42. *Princípios de Filosofia*, René Descartes
43. *Tratado do Primeiro Princípio*, João Duns Escoto
44. *Ensaio sobre a Verdadeira Origem, Extensão e Fim do Governo Civil*, John Locke
45. *A Unidade do Intelecto contra os Averroístas*, São Tomás de Aquino
46. *A Guerra e A Queixa da Paz*, Erasmo de Roterdão
47. *Lições sobre a Vocação do Sábio*, Johann Gottlieb Fichte
48. *Dos Deveres (De Officiis)*, Cícero
49. *Da Alma (De Anima)*, Aristóteles
50. *A Evolução Criadora*, Henri Bergson
51. *Psicologia e Compreensão*, Wilhelm Dilthey
52. *Deus e a Filosofia*, Étienne Gilson
53. *Metafísica dos Costumes, Parte I, Princípios Metafísicos da Doutrina do Direito*, Immanuel Kant
54. *Metafísica dos Costumes, Parte II, Princípios Metafísicos da Doutrina da Virtude*, Immanuel Kant
55. *Leis. Vol. I*, Platão
58. *Diálogos sobre a Religião Natural*, David Hume
59. *Sobre a Liberdade*, John Stuart Mill
60. *Dois Tratados do Governo Civil*, John Locke
61. *Nova Atlântida* e *A Grande Instauração*, Francis Bacon
62. *Do Espírito das Leis*, Montesquieu
63. *Observações sobre o sentimento do belo e do sublime* e *Ensaio sobre as doenças mentais*, Immanuel Kant

64. *Sobre a Pedagogia,* Immanuel Kant
65. *Pensamentos Filosóficos,* Denis Diderot
66. *Uma Investigação Filosófica acerca da Origem das nossas Ideias do Sublime e do Belo,* Edmund Burke
67. *Autobiografia,* John Stuart Mill
68. *Explicação do Pai Nosso,* Martinho Lutero
69. *Arrependimento e Renascimento,* Max Scheler
70. *Discurso sobre as Ciências e as Artes* seguido de *Cartas sobre a Polémica,* Jean-Jacques Rousseau
71. *Alguns Pensamentos sobre a Educação,* John Locke
72. *Escritos sobre o Terramoto de Lisboa,* Immanuel Kant
73. *As Duas Fontes da Moral e da Religião,* Henri Bergosn
74. *Pequeno Manuel de Candidatura Política,* Marco Túlio Cícero
75. *Nova Dedução do Direito Natural,* F. W. J. Schelling